Motivation und Überzeugung
in Führung und Verkauf

Prof. Dr. Werner Correll

Motivation und Überzeugung

in Führung und Verkauf

3. Auflage

verlag moderne industrie

CIP-Kurztitelaufnahme der Deutschen Bibliothek

Correll, Werner:
Motivation und Überzeugung in Führung und
Verkauf / Werner Correll. – 3. Aufl. – Landsberg am Lech:
Verlag Moderne Industrie, 1986
ISBN 3-478-54283-9
(mi-Paperbacks)

1. Auflage 1983
2. Auflage 1984
3. Auflage 1986

Umschlaggestaltung: Hendrik van Gemert
Gesamtherstellung: Kösel, Kempten
Printed in Germany · 540283
ISBN 3-478-54283-9

Inhalt

Einleitung

Motivation und Überzeugung sind zwei Grundelemente sowohl im Prozeß der Menschenführung wie auch im Vorgang des Verkaufens. Sowohl Führung als auch Überzeugung gehen darauf aus, das Verhalten eines Menschen so zu beeinflussen, daß er möglichst von sich aus das anstrebt, was er vom Standpunkt der Führungskraft aus anstreben soll und daß er, vom Standpunkt des Verkäufers aus betrachtet, aus eigenem Antrieb zum Kunden wird. Insofern sind also Führung und Überzeugung durchaus analoge Prozesse, der »Überzeuger« oder Verkäufer ist als solcher »Führer« des Gesprächspartners, und eine Führungskraft ist wesentlich ein »Überzeuger« oder auch ein »Verkäufer« von Ideen, Zielen oder Einstellungen. Beide, die Führungskraft und auch der Verkäufer, werden in ihrer Effizienz entscheidend von ihrer Fähigkeit her bestimmt, den Gesprächspartner nach einem Plan zu motivieren.

Die Motivationspsychologie und die Überzeugungspsychologie haben nun in den letzten Jahren sehr interessante und für die Praxis wichtige Erkenntnisse zu Tage gebracht, so daß es wichtig erscheint, diese Tatbestände im Zusammenhang mit Führung und Verkauf darzustellen. Wir wollen also zunächst die wichtigsten Erkenntnisse der Motivationspsychologie für Führung und Verkauf aufzeigen und anschließend die überzeugungspsychologischen Grunderkenntnisse abhandeln und sie auf die Praxis von Führung und Verkauf beziehen. Hierbei soll es weniger um theoretische Vollständigkeit gehen als um den Gedanken der Praktikabilität.

Werner Correll

I. Das Problem der Motivation in Führung und Verkauf

1. Der Begriff der Motivation

Der psychologische Begriff der Motivation ist neuerdings fast zu einem Schlagwort geworden. Wo immer in der Beziehung zwischen Führungskraft und Mitarbeiter oder zwischen Verkäufer und Kunden etwas nicht richtig abzulaufen scheint, schiebt man die Schuld daran »mangelnder Motivation« zu. Wenn zu wenig geleistet wird, vermutet man einen Motivationsmangel und wenn zu unkonzentriert gearbeitet wird, ist ebenfalls wieder die »verkehrte Motivation« schuld.

Was also ist nun der eigentliche Kern dieses schillernden Begriffs?

Geht man von der Bedeutung des Wortes selbst aus, dann bezeichnet der Wortstamm »movere« = bewegen, antreiben. Motivation ist daher ein Zustand des Angetriebenseins und der Zuwendung, in welchem sich einzelne Motive manifestieren, die zu einer bestimmten Aktion führen. Diese Aktion nun kann entweder Selbstzweck sein oder als Mittel zu einem anderen Zweck dienen. Im ersteren Fall spricht man von der *intrinsischen*, im zweiten Fall spricht man von einer *extrinsischen* Motivation. Statt »intrinsisch« benutzen wir selbst öfters den Begriff »primäre«, statt »extrinsisch« den Begriff »sekundäre« Motivation. Primäre Motivation wäre also immer dann gegeben, wenn ein Individuum um einer bestimmten Sache selbst willen aktiv wird, und sekundär wäre ein Individuum motiviert, wenn es etwas als Mittel zu einem anderen Zweck unternimmt.[1)]

[1)] Vgl. W. Correll: Lernpsychologie. 14. Aufl. Donauwörth 1974 und ders.: Pädagogische Verhaltenspsychologie. München 1975[6]

Wenn beispielsweise jemand berufstätig ist, um mit Hilfe dieser Tätigkeit seinen Lebensunterhalt zu verdienen oder auch Prestige zu erlangen, voranzukommen, so handelt es sich um eine sekundäre oder extrinsische Motivation. Wenn dagegen jemand berufstätig wäre, weil ihm an der Bewältigung der Berufsprobleme selbst gelegen wäre und weil ihm der Vollzug dieser Tätigkeiten Befriedigung an sich bringt, so handelt es sich um eine primäre oder intrinsische Motivation.

In der Regel sind nun die Einstellungen zur Berufstätigkeit nicht primär, sondern häufiger sekundär motiviert. D.h. Berufstätigkeit ist meistens nicht Selbstzweck sondern Mittel zum Zweck. Bei Führungskräften und auch bei manchen Verkäufern mag es freilich anders sein – wir sprechen hier nur von der Regel. Primäre Motivationen finden wir dagegen häufig bei sog. Freizeittätigkeiten, bei denen man nichts anderes erreichen will als ihren Vollzug selbst. Nehmen wir beispielsweise einen Bergsteiger, der erhebliche Unbequemlichkeiten auf sich nimmt, um einen Berg zu ersteigen, auf den er viel schneller und sicherer mit der Seilbahn fahren könnte. Würde man einem solchen Menschen eine Freikarte für die Bergbahn anbieten, so würde er dies sicherlich ablehnen, weil es ihm im Grunde genommen auf das Erlebnis des Bergsteigens ankommt und nicht auf das bequemere Hinauffahren. Ähnlich müßte etwa ein Fischer, der als Hobby seine Angel auswirft, reagieren, wenn wir ihm einen schön gebratenen Fisch gratis anbieten würden: auch ihm kommt es im Grunde nicht auf den Fisch an sich an, sondern auf das Erlebnis des Fangens – das ist das Charakteristische einer primären Motivation!

Bei welchem Motivationszustand ist nun der Mensch am intensivsten engagiert? Bei welchem Zustand kommt es ihm weder auf die Zeit noch auf die Kosten an? Bei welchem Zustand ist er »ganz Mensch« (i.S. von Friedrich Schiller)? – Die Antwort ist natürlich: bei der primären Motivation ist der Mensch optimal engagiert und auch maximal saturiert. Denn bei der primären Motivation kommt es nicht mehr auf zusätzliche Erfolgserlebnisse wie etwa Bezahlungen oder Anerkennungen etc. an, sondern die Erfolgsbestätigung wird mit dem Vollzug der Aktivität selbst erfahren. Wenn jemand also das tun dürfte, was er zu tun motiviert wäre, so wäre dies für ihn der Zustand des »Glücks«, falls »Glück« Befriedigung und Erfüllung, eben Satisfaktion bedeutet. Gleichzeitig aber wäre ein solcher Mensch auch, objektiv gesehen, maximal einsatzbereit, denn er würde diese Tätigkeit nicht als Zwang oder Pflicht ansehen, sondern als etwas, was er von sich aus auch tun würde, was ihn also ohnehin beglückt und befriedigt und wofür er sich deshalb auch ohne äußeren Antrieb optimal einsetzt.

Wenn es nun gelänge, diesen wünschenswerten Zustand der primären Motivation führungspsychologisch herbeizuführen, dann wäre das Problem der Humanisierung der Arbeit eigentlich fast schon gelöst und außerdem wäre der Gedanke der Leistung optimal verwirklicht. – Verkaufspsychologisch betrachtet wäre ein primär motivierter Kunde ein optimaler Kunde, denn er würde von sich aus nach dem Angebot verlangen und der Verkäufer wäre im eigentlichen Sinne des Wortes derjenige, der dieses Verlangen befriedigen könnte, so daß der Kunde ein Erfolgs- oder Befriedigungserlebnis hätte, das ihn weiterhin zu einer positiven Einstellung dem Verkäufer und dem Angebot gegenüber führen würde.

Schematisch dargestellt, könnten wir in folgender Skizze unsere bisherige motivationspsychologische Erörterung zusammenfassen:

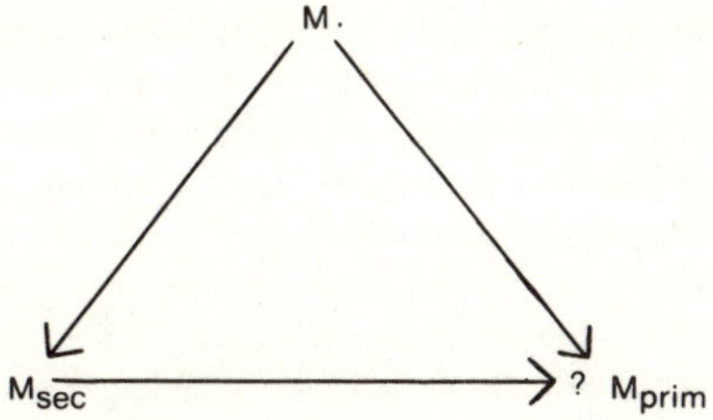

Durch die Verwandlung sekundärer in primäre Motivationen würde also gleichsam der Gegensatz zwischen Pflicht und Neigung ausgeglichen werden, weil alles, was seither lediglich Pflicht war, gleichzeitig Neigung wäre, während umgekehrt die neigungsmotivierte Tätigkeit, objektiv betrachtet, denselben Inhalt hätte wie die seither pflichtmotivierte Aktivität. Den oft beschriebenen Gegensatz zwischen Pflicht und Neigung würden wir nach unserem obigen motivationspsychologischen Schema dadurch überwinden, daß wir nicht die objektive Seite verändern – das wäre wohl vergeblich –, sondern die subjektive Einstellung zu den Aufgaben: Die Herausforderung der Aufgabe könnte dieselbe bleiben, aber wir haben unsere Einstellung dazu so verändert, daß statt der Pflichtzuwendung eine primäre Motivation entstanden wäre, so daß die »Pflicht« aus »Neigung« vollzogen würde.

In der Tat ist es heute möglich, eine solche Veränderung sekundärer in primäre Motivationen systematisch herbeizuführen. Diese Umwandlung folgt im Prinzip den Gesetzen des operativen Konditionierens[1], wobei also besonders die Anordnung der Verstärkungen wichtig ist. Optimale Ergebnisse erhält man, wenn man die variierende Zeitintervalls-Reaktionsquoten-Verstärkung praktiziert. Eine Verstärkung ist aber jeweils eine Befriedigung eines Motivs, so daß wir wiederum von hier aus auf die Frage zurückgeworfen sind, welche Motive der jeweilige Gesprächspartner hat, bzw. welche Motive grundsätzlich beim Mitarbeiter, bzw. beim Kunden erwartet werden dürfen. Sobald man diese im jeweiligen Gesprächspartner vorhandenen Motivationen erkannt hat, kann man die betreffende Führungsmaßnahme oder das Angebot an diese Motivation insofern anbinden, als diese Maßnahme jederzeit so formuliert werden kann, daß es zu einer Befriedigung der betreffenden Motivation (Erwartung) kommt. Der Kunde oder der zu Führende befriedigt durch die Maßnahme seine Motivation und erfüllt gleichzeitig das objektive Anliegen der Führungskraft bzw. des Verkäufers. Dann haben wir die primäre Motivation für die Maßnahme erreicht.

Welches sind nun die Motivationen, die wir grundsätzlich beim Mitarbeiter, bzw. beim Kunden erwarten dürfen und woran können wir sie treffsicher erkennen? Mit diesen beiden Fragen wollen wir uns im folgenden befassen.

---

[1] Vgl. W. Correll: Pädagogische Verhaltenspsychologie. München 1975[6], S. 85ff und S. 186ff.

2. Die Grundmotivationen (Grundbedürfnisse)

Selbstverständlich hat jeder Kunde bzw. Mitarbeiter seine individuellen Vorstellungen, Wünsche und Sehnsüchte. Sehr häufig aber sind hinter den geäußerten Wünschen andere, echte Wünsche und Bedürfnisse, die lediglich nicht ins Bewußtsein rücken oder über die der Kunde bzw. Mitarbeiter nur ungern spricht. Es gilt nun, gerade an diese eigentlichen, zum Teil im Unbewußten des Kunden bzw. Mitarbeiters liegenden Bedürfnisse anzuknüpfen, um ein Angebot bzw. eine Führungsmaßnahme attraktiv werden zu lassen, d.h. um das jeweilige Verkaufsprodukt als Mittel zur Befriedigung eines Bedürfnisses erfahren zu lassen. Wenn ein Verkäufer diese eigentlichen Bedürfnisse des Kunden bzw. Mitarbeiters erkennen könnte, hätte er wahrscheinlich stets die Möglichkeit, sein jeweiliges Angebot, bzw. die Führungsmaßnahme so darzustellen, daß es/sie den vorhandenen Bedürfnissen entspricht. Ein und dasselbe Angebot bzw. Führungsmaßnahme kann nämlich ganz verschieden unterbreitet werden und dadurch eine ganz verschiedene inhaltliche und auch wertmäßige Qualität in den Augen des Kunden bzw. Mitarbeiters erhalten. Denken wir beispielsweise an ein Wertpapierpaket, das ein Bankbediensteter einem Kunden empfehlen möchte! Er wird dies ganz anders tun, wenn er weiß, daß sein Gesprächspartner in erster Linie nach Sicherheit strebt, d.h. von dem Bedürfnis nach Sicherheit angetrieben wird, oder wenn er mehr das Bedürfnis nach Prestige und sozialer Anerkennung hat. Im letzteren Fall wird das Wertpapierpaket erscheinen als Schlüssel zum Zutritt zu einer Gruppe von Menschen, die sozusagen »Mitbesitzer der Wirtschaft« sind. Im ersten Fall dagegen wird das Paket das Instrument zur Befriedigung der Sicherheit von finanziellen Schwankungen auf dem Zinssektor darstellen müssen. Entsprechendes gilt selbstverständlich für andere Bedürfnisse und für andere Artikel bzw. Dienstleistungen.

Selbst wenn es sich nur um Ideen handelt, die man vermitteln muß, wie etwa ein Lehrer oder auch ein Jurist, geht es darum, die jeweils vorhandenen Bedürfnisse und Wünsche des Gesprächspartners zu erkennen und an sie anzuknüpfen. Anders ist eine optimale Verkaufsgesprächssituation überhaupt nicht denkbar.

Analoges gilt diesbezüglich durchaus auch für die Führungssituation. Auch hier muß die Führungskraft an das im Mitarbeiter jeweils vorherrschende Motiv anknüpfen, um seine Maßnahme nicht gegen, sondern mit dem Interesse des Mitarbeiters durchzusetzen. Weil nun aber praktisch unendlich viele Motive in einer praktischen Situation wirksam sein können, entsteht die Frage, ob nicht diese unendlich vielen Motive auf eine überschaubare Anzahl von in der Praxis beobachtbaren Motiven oder Motivationszuständen reduziert werden können, um dadurch zwar keine ganz exakte Anknüpfung, aber doch ein ungefähre Verknüpfung der Maßnahmen mit den Erwartungen zu erreichen und dies im voraus zu üben. Die Verkaufs- und Führungsstrategien wären dann Funktionen der jeweiligen Motivationen, sie würden sich als Konsequenz aus der Motivationsdiagnose im einzelnen Fall einsetzen lassen.

Die Frage nach den Grundbedürfnissen des Menschen ist schon so alt wie die Psychologie überhaupt. Es gibt auch in der klassischen Psychologie ganz verschiedene Antworten auf diese zentrale Frage, denn praktisch hat jede psychologische Richtung eine besondere Aussage über die Grundbedürfnisse des Menschen gemacht. Sehen wir einmal ab von den körperlichen Bedürfnissen nach Selbsterhaltung und Arterhaltung, so bleiben doch noch eine große Reihe von psychischen Bedürfnissen übrig, die insgesamt gesehen mächtiger werden können als die körperlichen Bedürfnisse, was darin zum Ausdruck kommen kann, daß man sich um eines psychischen Bedürfnisses willen körperlich völlig ruinieren kann, oder daß man seine physische Existenz sogar gänzlich auslöschen kann, um ein psychisches Bedürfnis zum Durchbruch zu bringen.

Auch das Streben des Menschen nach religiösen und politischen Idealen, das Verlangen nach der Durchsetzung eigener Entschlüsse ist ein beredtes Zeugnis für die gelegentliche Übermacht psychischer Bedürfnisse, aber auch ein Beweis für die fast unendliche Vielfältigkeit dieser Bedürfnisse bei den Menschen.

Einige klassische Antworten auf die Frage nach den Grundmotiven des Menschen wollen wir hier kurz erwähnen, und zwar dadurch, daß wir zwei große Richtungen in der Motivationsauffassung voneinander unterscheiden. Auf der einen Seite haben wir die monistische Richtung, die versucht, die Vielfalt der Motive auf ein einziges oder doch vorherrschendes Motiv zu reduzieren. Und auf der anderen Seite haben wir die pluralistische Richtung, die versucht, innerhalb der bestehenden Vielfalt der Motive lediglich eine gewisse Ordnung oder Systematik herzustellen.

Typisch für die monistische Auffassung der Motivation ist etwa Sigmund Freud's Psychoanalyse.

Anhand einer sehr gründlichen Analyse seiner zahlreichen Patienten gelangte er zu der Auffassung, daß das letzte Grundbedürfnis des Menschen die Libido oder Sexualität sei. Alle anderen einzelnen Wünsche des Menschen ließen sich, so meinte Freud, auf die Wirksamkeit der Sexualität zurückführen. In der Tat spielt dieses Bedürfnis auch beim heutigen Menschen eine zentrale Rolle. Selbst dann, wenn jemand nach ganz anderen Formen der Wunscherfüllung strebt, kann nämlich im Unbewußten ein Sexualverlangen stehen.

Beispielsweise erkennt man oftmals hinter dem Wunsch nach einem besonders eindrucksvollen und großen Auto ein unbewußtes Verlangen nach stärkerer und größerer Potenz, was in dem geräumigen oder besondes sportlichen und starken Wagen symbolisch zum Ausdruck kommen kann; insbesondere, wenn derselbe Wagen noch eine Knüppelschaltung besitzt, die nicht selten als ein Phallussymbol gedeutet werden kann. Auch das Streben nach finanzieller Macht oder sozialem Einfluß und politischer Überlegenheit kann unter Umständen auf ein unbewußtes Streben nach sexueller Überlegenheit zurückgeführt werden. Überhaupt steckt dieses Bedürfnis hinter sehr vielen einleuchtend geschilderten Wünschen, die man leichter und unverdränglicher aussprechen kann als ein sexuelles Anliegen.

Andererseits kann man nicht umhin, dieser Freud'schen Auffassung eine gewisse Einseitigkeit nachzusagen: alles auf Sexualität zurückzuführen, ist sicherlich zu extrem; insbesondere heute, wo man leichter als zu Freuds Zeiten über sexuelle Bedürfnisse sprechen kann und auch mehr Wege zur Erfüllung sexueller Wünsche eröffnet worden sind, als das damals der Fall war.

Eine andere, monistische Richtung der Motivationspsychologie vertrat Alfred Adler, einer der wichtigsten Schüler Freuds, der allerdings schon früh erkennen zu können glaubte, daß seine Patienten, die zu den mehr ärmeren Kreisen Wiens gehörten (im Unterschied zu den Patienten seines Lehrers Freud), nicht so sehr nach Libido, sondern mehr nach Geltung, Überlegenheit und sozialer Anerkennung strebten. Adlers Patienten ging es nicht so sehr um partnerschaftliche Beziehungen. Vielmehr litten die Patienten Adlers mehr oder weniger unter Minderwertigkeitserlebnissen, die sie nicht verkraften konnten. Sie verlangten nach mehr Anerkennung, nach mehr Macht, nach mehr Einfluß und Beachtung in der Gesellschaft. So entwickelte Adler seine Theorie von dem mächtigen Grundbedürfnis nach Geltung und Ansehen, das um so größer sei, jeweniger es verwirklicht wird und je intensiver Minderwertigkeitsgefühle erlebt würden. Adler stellt dar, wie der Mensch erfahrene Niederlagen und Minderwertigkeiten zu kompensieren trachte, wobei die Gefahr darin zu sehen sei, daß aus der bloßen Kompensation im Sinne eines Ausgleichs erlittener Niederlagen eine Überkompensation werden könne, die das gesamte Denken und Trachten eines Menschen so sehr in Beschlag nehmen kann, daß das Leben etwas Verkrampftes und Phantastisches annehmen könne.

Zahlreiche Beispiele aus der Geschichte und auch aus der Gegenwart scheinen dies zu bestätigen: die von Shakespeare geschilderte Figur von Richard III., der mit einem verwachsenen Rücken ausgestattet war, zeigt deutlich, wie diese erlebte organische Minderwertigkeit einen Menschen zu grenzenlosem Ehrgeiz bis hin zum Mord an seinem nächsten Verwandten treiben kann.

Aber auch harmlose körperliche Besonderheiten, wie zum Beispiel Sommersprossen im Kindesalter, können einen jungen Menschen zu Minderwertigkeitserlebnissen führen, die wiederum zu Überkompensationenen und verkrampften Strebungen nach Geltung, Einfluß und Macht Anlaß geben können. Insbesondere im Bereich der Politik fand und findet man viele konkrete Fälle der Überkompensation in das Machtstreben, bietet sich doch gerade die Politik für eine schnelle Kompensation am ehesten an.

Interessant ist in diesem Zusammenhang mit Adler die Möglichkeit, einem Menschen, der seine Minderwertigkeit gar nicht als solche empfindet, diese künstlich bewußt zu machen, um ihn dadurch zu einem zielgerichteten Streben in eine bestimmte Richtung erst zu motivieren. Führungspsychologisch läßt sich dies dadurch erreichen, daß der Führungsauftrag dem zu Führenden so erklärt wird, daß er durch den Vollzug der betreffenden Maßnahme seine eigene, vorher bewußt gewordene Minderwertigkeit kompensieren könne. Ein klassisches Beispiel dafür findet sich in den meisten Tragödien Shakespeares, beginnend etwa bei Othello, der durch seinen massiven Minderwertigkeitskomplex seiner Frau Desdemona gegenüber ein leichtes Werkzeug für die Rachegelüste des seinerseits frustrierten Jago (der nicht befördert wurde) wird, bis hin zu Macbeth, der erst durch die »führungspsychologische« Behandlung durch seine Frau zu einem alles überragenden Machtstreben gebracht wird, indem Lady Macbeth seine Männlichkeit anzweifelt und diese sozusagen an die Königswürde bindet. Was also liegt näher als daß Macbeth diesen Schritt vollzieht, um in der Gunst seiner Dame wieder zu steigen? Wie erwähnt, muß der Führungsinhalt durch solche Maßnahmen nicht notwendig verfälscht werden, sondern er muß lediglich so erklärt werden, daß der Angesprochene diese Maßnahme als Weg zur Befriedigung seines Geltungsstrebens auffassen kann. Es wird sich dadurch garnicht mehr vermeiden lassen, daß eine primäre Zuwendungsmotivation entsteht, so daß sich dieser Mensch überhaupt nicht mehr zurückhalten läßt, sondern mit ganzer Kraft nach dem Vollzug der Maßnahme strebt. Andererseits liegt auf der Hand, daß durch eine gewissenlose Anwendung solcher Maßnahmen das Führungsgeschehen in eine bedenkliche Nähe zur Manipulation rücken würde. Allerdings liegt wohl die Unterscheidung zwischen Führung und Manipulation mehr im Bereich der ethischen Grundeinstellung der einzelnen Führungskraft, von der wir erwarten dürfen, daß sie genügend Stabilität besitzt, um in solchen Gefahren standhaft zu bleiben.

In der Verkaufssituation ist es nicht schwer, machtbedürftige Kunden zu erkennen, die in der Regel unter solchen organischen oder psychischen Minderwertigkeitserlebnissen leiden, d.h. unter Niederlagen, die sie nie richtig verarbeiten konnten. Das Angebot, das man ihnen macht, muß infolgedessen wie eine Möglichkeit zur Befriedigung dieses Bedürfnisses nach Macht, Geltung und Einfluß aussehen; ähnlich wie das von Freud geschilderte libidinöse Bedürfnis nach Sexualität stets nach einem Angebot verlangt, das eine Erfüllung dieses Wunsches, vielleicht unter der Decke eines anderen rationalen Wunsches, zu ermöglichen scheint.

Selbstverständlich kann die Kompensation oder Überkompensation, wie sie von Adler geschildert worden ist, sehr häufig auch zu durchaus positiven Ergebnissen führen. Man kennt das Beispiel des großen Redners des Altertums, Demosthenes, der ursprünglich einen Sprachfehler hatte und mit schier grenzenlosem Ehrgeiz bemüht war, diesen Sprachfehler zu korrigieren, indem er mittels eines Kieselsteins und gegen die brausenden Wogen des Ozeans gewandt, seine Rhetorik schulte.

Das Macht- und Geltungsstreben ist also zweifellos ein wichtiges Grundbedürfnis, doch scheint es ebenso wie die Sexualität im Sinne von Freuds Theorie einen Hauch von Einseitigkeit an sich zu haben. Schließlich kann man einen Menschen meistens nicht unter dem Blickwinkel eines einzigen Bedürfnisses allein begreifen, denn er strebt zu unterschiedlichen Zeiten doch nach verschiedenen Bedürfnisbefriedigungen.

Der Amerikaner McDougall hat eine Theorie von achtzehn Grundbedürfnissen aufgestellt und nachgewiesen, daß diese Grundbedürfnisse des Menschen tatsächlich in der Regel vorhanden sind. So überzeugend auch diese Theorie sein mag, scheint es doch, als ob sowohl McDougall als auch Adler und Freud einen sehr wichtigen Umstand aus der Betrachtung ausgeschlossen hätten: die sozio-kulturelle Relativität unserer Bedürfnisse.

Damit ist gemeint, daß letzten Endes unsere Grundbedürfnisse, soweit sie in der Psyche des Menschen liegen (also abgesehen von den körperlichen Grundbedürfnissen nach Selbst- und Arterhaltung), nicht angeboren sind, sondern durch die Umstände, unter denen ein Mensch aufwächst und lebt, weitgehend geprägt werden. So haben ganz sicherlich die Religion, die Politik, die gesellschaftliche Ordnung, aber auch das Klima und die Zivilisation einen bedeutsamen Einfluß auf unsere Wünsche, Erwartungen und Bedürfnisse.

So betrachtet, könnte man praktisch unendlich viele Bedürfnisse im Menschen feststellen, je nach den Umständen, unter denen jemand lebt. Für einen Menschen in der Wüste ist vielleicht ein Glas Wasser die Erfüllung seines stärksten Bedürfnisses, während für einen im Schnee verirrten Winterwanderer eine warme Hütte die Erfüllung seines Grundbedürfnisses darstellen könnte.

Der Mensch strebt, wenn man es von hierher betrachtet, immer nach denjenigen Dingen und Zuständen, die er gerade nicht besitzt.

Er ist immer im Streben, weil er immer irgend etwas nicht oder nicht in genügendem Maße zu besitzen glaubt, und seine Phantasie eilt in der Regel der Wirklichkeit weit voraus. Was beispielsweise in unserer gegenwärtigen Zivilisation und Kultur von den meisten Menschen als erstrebenswert empfunden wird, war vor 50 oder 100 Jahren unter Umständen alles andere als erstrebenswert, oder umgekehrt. Auch der Erziehungseinfluß macht sich auf unsere Erwartungen und Bedürfnisse durchaus geltend. Man tut infolgedessen gut daran, die Umgebung und Vorstellungswelt eines Menschen kennenzulernen, wenn man seine Bedürfnisse und Wünsche verstehen möchte.

Fragen wir, welche Grundbedürfnisse die Menschen, die unter den heutigen Umständen leben, im allgemeinen haben, so kommen wir zu fünf Grundbedürfnissen, die jedoch keinen allgemeinen Gültigkeitsanspruch stellen können, sondern lediglich jetzt und hier gelten, weil entsprechende sozio-kulturelle Umstände der Gegenwart diese Bedürfnisse begünstigen. Die Bedürfnisse lassen sich in einer Pyramide anordnen:

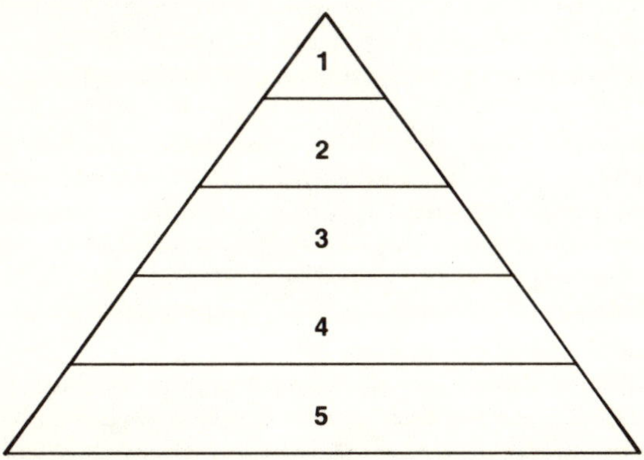

An der Spitze steht jeweils ein Bedürfnis Nr. 1, dessen Befriedigung am längsten vorenthalten worden ist und das infolgedessen am dringendsten befriedigt werden muß. Es ist das stärkste Bedürfnis bei einem bestimmten Menschen. Sobald es aber befriedigt ist, sinkt es auf eine niedrigere Dringlichkeitsstufe herab und läßt einem zweiten Bedürfnis den Vortritt und so weiter bis zum 5. Grundbedürfnis.

Die Bedürfnisse sind zwar hierarchisch geordnet; aber diese Hierarchie ist nicht statisch, sondern dynamisch. Sie befindet sich in einem dauernden Wechsel und in einer dauernden Umstrukturierung.

Hieraus ergibt sich die sattsam bekannte Tatsache, daß der Mensch im Grunde nie auf die Dauer befriedigt und »zufrieden« sein kann, denn immer dann, wenn Zufriedenheit durch die Saturierung seines jeweiligen Nr. 1-Bedürfnisses erreicht ist, sinkt eben dieses Motiv auf eine weniger dringliche Stufe der Pyramide herab und ein zweites Motiv setzt sich an die erste Stelle mit dem Ergebnis, daß der Mensch aufs neue strebt, diesmal eben nach diesem Nr. 2-Motiv, bzw. nach seiner Saturierung! Im Grunde könnte man an dieser Stelle resignieren, weil man erkennen kann, daß das, was der Mensch eigentlich will, nämlich Ruhe und Zufriedenheit, mit dem status quo zu erreichen eigentlich unerreichbar bleibt. Der radikale Pessimismus, die blanke Resignation haben ihre Wurzel in dieser Erkenntnis. – Umgekehrt aber wäre mit einer solchen Einstellung das Wirtschaftsleben unserer Zeit nicht möglich, denn wir leben im Grunde von der Unrast oder besser von der jeweils aufs neue sich einstellenden Unzufriedenheit des Menschen: nur wer unzufrieden ist, ist motivierbar und führbar und nur dieser Mensch ist ein potentieller Kunde! Was uns zuerst als Grund zur Resignation erscheinen wollte, ist also von hier her betrachtet der Grund für unsere dauernde Aktivität, für unser Streben und damit für unsere Zivilisation und Kultur schlechthin. Der Mensch ist führbar und motivierbar, weil seine Bedürfnispyramide rotiert und nicht statisch ist, weil er im Grunde seines Wesens ein Unzufriedener ist und dies wiederum, weil die Motive sich gegenseitig ablösen in ihrer Rangfolge.

Wir müssen also entdecken, welches Bedürfnis bei einem Kunden sein Bedürfnis Nr. 1 ist, um ihm ein Angebot praktiv unterbreiten zu können. Rein inhaltlich kommen fünf Grundbedürfnisse in Frage:

1. Das Bedürfnis nach sozialer Anerkennung:

Darunter versteht man die Sehnsucht des Menschen, von einer Gruppe von Menschen um seiner Leistung oder um seiner Position willen anerkannt zu werden. Der Mensch möchte im Rahmen seiner Mitmenschen eine bestimmte Position und Geltungsstufe einnehmen.

Er strebt mit aller Macht danach, auf jeden Fall nicht als sogenannter »Omega-Mensch« existieren zu müssen.

Ein Omegatyp ist ein Mensch, der auf der untersten Stufe der Anerkennung steht, der also nur Verachtung und höchstens Mitleid erfährt und keinen Respekt. Das Gegenstück zum Omegatyp ist der Alphatyp, der von allen Seiten nur Bewunderung und Respekt erhält und keine Ablehnung, jedenfalls keine offene Ablehnung, erfährt.

Bereits bei den Tieren, die in Gruppen zusammenleben, insbesondere bei Hühnern, beobachtet man eine Tendenz zur Strukturierung in Alpha- bis Omegatypen, wobei z.B. das Alphahuhn dasjenige ist, das als erstes am Abend auf die Schlafstange hüpft und dort seinen angestammten Platz einnimmt; während erst ganz am Schluß Omega auf die Stange hüpfen darf, um dort sein winziges Plätzchen einzunehmen, wenn alle anderen Hühner schon sitzen. Sobald nun eines Tages der Fuchs in den Hühnerstall einbricht und irgendein Huhn reißt, wird am nächsten Tag in der Regel das Omegahuhn als Sündenbock benutzt und von den anderen Hühnern gehackt, ohne daß es sich zur Wehr setzen dürfte.

Die Parallele zur menschlichen Gruppe liegt auf der Hand. In jeder Gruppe gibt es den informellen Anführer (Alpha) und den informellen Sündenbock (Omega). Immer wenn in einer ausweglosen Situation die Frustration der Gruppe einen gewissen Grad erreicht hat, wendet sie sich voller Aggressionen dem Omega zu und reagiert an ihm die durch die Frustration bedingten Aggressionen ab. Er steht dann plötzlich für das Schicksal, für einen übermächtigen Feind oder für irgendeine andere Frustrationsquelle, die sich dem direkten aggressiven Zugriff entzieht. Es drängt sich sogar eine gewisse Analogie zu religiösen Gebräuchen auf, denn auch hier findet sich – etwa im Christentum – das »Lamm Gottes«, das durch sein freiwilliges Opfer die Menschheit erlöst. Selbstverständlich kann man den ganzen Gehalt des religiösen Geheimnisses nicht durch psychologische Deutungen klären, aber immerhin drängt sich diese Parallele an dieser Stelle auf.

Das Streben nach sozialer Anerkennung beim Menschen schafft nun eine von Fall zu Fall immer wieder wechselnde Systematik von Prestigemarken und Statussymbolen, die für die jeweils erreichte Rangstufe stehen. Hierher gehören zum Beispiel eine bestimmte

Automarke, eine bestimmte Wohngegend oder Haus, der Besitz von Schmuck, entsprechender Kleidung etc. Selbst der Beruf als solcher oder ein Titel beziehungsweise ein Orden kann zum Statussymbol und damit zum Prestigemerkmal werden.

Die Menschen streben um so mehr nach solchen Merkmalen und Symbolen, je weniger Prestige sie in Wirklichkeit besitzen. Sie sind auch zu sehr vielen Opfern bereit, um eine bestimmte soziale Stellung sich zu erkämpfen.

Im Verkauf selbst kommt es darauf an, das Prestigestreben eines bestimmten Kunden rechtzeitig zu erkennen und das Angebot in diesem Falle so zu unterbreiten, daß es wie eine Stufe zu höherem Prestige, zu besserer sozialer Anerkennung aussehen muß und wirken muß.

Fast jeder Artikel und jedes Investitionsgut lassen sich auch als Prestigeträger, als Instrument zu sozialer Anerkennung auffassen und darbieten. Es ist jedoch nur zweckmäßig, so zu verfahren, wenn tatsächlich im Gespräch ersichtlich ist, daß dieses erste Grundbedürfnis an der Spitze der jeweiligen Pyramide der Bedürfnisse steht.

Wir werden nachfolgend im einzelnen aufzeigen, wie man als Verkäufer einerseits und als Führungskraft andererseits am einfachsten zu einer zuverlässigen Diagnose des jeweiligen Bedürfnisses Nr. 1 beim Gesprächspartner kommen kann. Allerdings wird diese Darstellung eine sorgfältige eigene Übung solcher rascher Diagnosen nicht ersetzen können. Am besten lernt man dies in Seminaren unter kundiger Anleitung, teils in Rollenspielen, in Planspielen oder auch in relativ überschaubaren Realsituationen

2. Ein zweites Grundbedürfnis des Menschen ist das Streben des Menschen nach Sicherheit und Geborgenheit.

Hierunter versteht man die Tendenz des Menschen, in einer Gruppe von Menschen zu leben, die ihn anerkennen; aber nicht nur um der gezeigten Leistung und um des bewiesenen Prestiges willen, sondern um der Persönlichkeit selbst willen. Man möchte sozusagen in einer Gruppe von Menschen »zu Hause« sein, ohne daß man sein Hausrecht immer wieder neu unter Beweis stellen muß.

Dieses Bedürfnis nach Sicherheit und Geborgenheit tritt meistens dann ein, wenn das Bedürfnis nach sozialer Anerkennung befriedigt ist, wenn jemand seinen Orden, seinen Posten, seine Gehaltsstufe erreicht hat und nun mit aller Macht danach strebt, das Erreichte sozusagen zu zementieren, es nicht mehr leistungsabhängig erscheinen zu lassen, sondern es als Merkmal seiner Persönlichkeit zu besitzen.

Psychologisch gesehen drückt sich das Motiv der Sicherheit und Geborgenheit hauptsächlich in einem Streben nach Transparenz, nach Überschaubarkeit einer Situation aus. Der Mensch fühlt sich schließlich immer dann unsicher und ungeborgen, wenn er in einer Situation ist, die er nicht durchschauen kann und die ihm deshalb bedrohlich erscheint. Überschaubarkeit und Transparenz entsteht aber immer dann, wenn wir genügend Informationen und Detailkenntnisse haben, um uns Zusammenhänge, unter denen wir leben, verständlich zu machen. Ein Mitarbeiter, der nach Sicherheit und Geborgenheit strebt, ist also am besten durch eine detaillierte, erklärende, informierende Art des Führens ohne Überforderung seiner Fähigkeit zu eigenständigen Entscheidungen anzuleiten – eine Führungsart also, die z.B. jemand ablehnen müßte, der nach sozialer Anerkennung strebt! Im letzteren Fall müßten wir wohl möglichst viel Eigenständigkeit (etwa durch Delegation von ganzen Zuständigkeiten) erzeugen, allerdings auch wieder, ohne den Mitarbeiter diesbezüglich zu überfordern. Das Streben nach Weiterbildung kann u.U. ebenfalls Ausdruck eines Strebens nach Sicherheit und Geborgenheit sein, denn gerade durch Weiterbildung erhält man schließlich Informationen, die einem die erstrebte Transparenz und Überschaubarkeit der Situation ermöglicht.

Selbstverständlich gibt es die verschiedensten Abweichungen von diesem Grundbedürfnis nach Sicherheit und Geborgenheit, weil dieses Bedürfnis gerade in unserer Zeit besonders mächtig ist, da die Familie, in der eigentlich dieses Bedürfnis befriedigt werden sollte, einem Strukturwandel unterliegt und infolgedessen die Berufs- und Arbeitswelt mit der Befriedigung auch dieses Bedürfnisses konfrontiert wird.

Sicherheit und Geborgenheit sind mit anderen Worten Teil eines käuflichen Angebots geworden, und es kommt darauf an, bei den Kunden, die nach diesen Bedürfnissen in erster Linie streben, den entsprechenden Artikel oder die entsprechende Dienstleistung als Instrument zum Erwerb der gewünschten Geborgenheit und Sicherheit anzubieten. Hierher gehört insbesondere auch die Betonung der Wertbeständigkeit oder des Wiederverkaufswertes eines bestimmten Artikels.

3. Ein weiteres Grundbedürfnis von großer Bedeutung ist die Sehnsucht des Menschen nach Anerkennung durch einen bestimmten Menschen in der Beziehung der Liebe, die aber in diesem Zusammenhang nicht mit Sexualität verwechselt werden darf.

Liebe im Sinne dieses Grundbedürfnisses ist aufs engste verwandt mit Vertrauen und mit dem vorbehaltlosen Bezug zu einer Persönlichkeit, die nicht selten als vorbildlich für einen bestimmten Menschen genommen wird. Im Grunde genommen ist die Erfüllung dieses Bedürfnisses nach Liebe und Vertrauen wiederum eine Funktion der Familie und Ehe, doch machen Familie und Ehe eine tiefgreifende Verwandlung in unserer Zeit durch, so daß der Mensch sehr oft in Bezug auf sein Liebesbedürfnis unbefriedigt bleibt und er infolgedessen nach einer quasi kommerziellen Befriedigung dieses Bedürfnisses strebt. Er ist bereit, für den Konsum oder Genuß von Vertrauen und Liebe zu bezahlen!

Sehr viele Artikel und Dienstleistungen lassen sich infolgedessen als Instrument zur Befriedigung dieses Bedürfnisses anbieten, und es kommt alles darauf an, in der Verkaufssituation bei einem Kunden, der dieses Bedürfnis an erster Stelle seiner Bedürfnispyramide hat, das Angebot so zu unterbreiten, daß es als Befriedigung dieses Grundbedürfnisses erscheinen kann. Sehr häufig kann es sich dabei um einen subjektiv betonten Verkaufsstil handeln, d.h. einen Verkauf, bei dem der Verkäufer eine zentrale Rolle spielt, weil die vertrauensvolle Beziehung des Kunden zum Verkäufer im Mittelpunkt stehen kann, d.h. weil in diesem Fall der Verkäufer selbst der Gegenstand der vertrauensvollen Zuwendung des Kunden ist.

Was immer der Verkäufer als vertrauensvolle Bezugsfigur des Kunden empfehlen wird, das wird der Kunde, wenn es ihm irgend möglich ist, auch erwerben. Hierin muß indessen die Aufforderung zu unbedingter sachlicher Korrektheit und Gewissenhaftigkeit gesehen werden, denn jedes Vertrauen, das ein Kunde einem Verkäufer gegenüber zeigt, verpflichtet den Verkäufer zu entsprechender Verantwortung, die der Verantwortung eines Vorbildes in nichts nachsteht.

Nichts wäre verwerflicher, als würde ein Verkäufer das ihm persönlich dargebrachte Vertrauen mißbrauchen und etwas empfehlen, womit der Kunde letzten Endes doch nichts anzufangen vermag.

Es läßt sich aber sehr leicht zeigen, daß das Bedürfnis nach Vertrauen und Liebe ein absolutes Wurzelbedürfnis des Menschen ist, an dessen länger anhaltender Nichtbefriedigung ein Mensch schließlich zugrunde gehen kann, weil er immer hektischer nach einer Befriedigung dieses Bedürfnisses strebt und dabei meistens immer mehr enttäuscht und frustriert wird. Neurotisches Liebesverlangen und Vertrauenssehnsucht sind nicht selten die Ursache für schwere Depressionen und Selbstmordabsichten.

Im Führungsbereich erscheint dieses Bedürfnis nach Vertrauen als eine betonte Tendenz des Mitarbeiters zu kooperativer Einstellung. Er möchte keine direkten Aufträge entgegennehmen, sondern höchstens indirekt geführt werden, indem der Vorgesetzte mehr als Partner erscheint und ihn ins »Vertrauen zieht«, indem er ihn z.B. einen Auftrag weitgehend selbst formulieren oder wenigstens sinngemäß begreifen läßt. Die Analogie zum subjektiven Verkauf liegt wieder auf der Hand, denn subjektive oder indirekte Führung wäre eigentlich das entscheidende Moment in der kooperativen Führungseinstellung.

4. Ein viertes Bedürfnis in unserer Hierarchie ist das Bedürfnis nach Selbstachtung, das in sehr vielen Fällen sogar an erster Stelle genannt werden muß, weil hier der Mensch nach Übereinstimmung mit seinen subjektiven Normen und Werten strebt; d.h. er möchte sein Leben so einrichten, daß er es in allen Details sozusagen hundertprozentig bejahen und unterschreiben kann. Sobald er etwas tut oder anordnen muß, was er nicht gänzlich bejaht, kommt es zu einer Krise seiner Selbstachtung, so daß dieses Bedürfnis dadurch um so intensiver geäußert wird. Volkstümlich ausgedrückt handelt es sich bei dem Bedürfnis nach Selbstachtung um eine Sehnsucht nach Übereinstimmung mit seinen eigenen Gewissensnormen.

Sobald man gesprächsweise feststellen kann, daß bei einem Gesprächspartner oder Kunden dieses Bedürfnis an erster Stelle steht, muß man danach trachten, sein Angebot so zu unterbreiten, daß es auf jeden Fall mit den Gewissensnormen des Gesprächspartners zu vereinbaren ist oder daß es sogar dazu beiträgt, die eventuell vorhandene Diskrepanz zwischen der Lebensführung und den Gewissensnormen zu überwinden.

Im Bereich der Körperpflegeartikel und der Kosmetika beispielsweise spielt die Berücksichtigung der Selbstachtung namentlich der Frau eine zentrale Rolle; aber auch bei Investitionsgütern, ja sogar bei bestimmten Getränken kann oder muß man sogar auf das Bedürfnis nach Selbstachtung des Kunden Rücksicht nehmen. Insbesondere bei sensiblen und intelligenten Menschen spielt das Bedürfnis nach Selbstachtung eine sehr große Rolle, da selbstverständlich ein Mensch um so leichter in seiner Selbstachtung gekränkt sein kann, je reflektierter und bewußter er lebt.

Führungspsychologisch ist dieses Bedürfnis nach Selbstachtung besonders wichtig, weil der Mitarbeiter, der an der ersten Stelle seiner Motivationspyramide nach Selbstachtung strebt, meistens zu einer intoleranten, unnachgiebigen Haltung tendiert und dadurch eher ein »schwieriger« Mitarbeiter wird. Solche Menschen sind meistens intensiv ihren eigenen Grundsätzen und Prinzipien verpflichtet. Sie können selten über ihren Schatten springen, geben nicht nach, sondern hängen geradezu an ihren einmal etablierten Grundsätzen und halten dadurch nicht selten den Gang der Dinge auf. Schließlich ist das Zusammenleben der Menschen selten durch starre Grundsätze zu regeln – meistens vielmehr durch Kompromisse. Wenn es aber einen kompromißlosen Menschen gibt, so ist es der nach Selbstachtung strebende Mensch! – Es wäre verfehlt, wollte man einen solchen Mitarbeiter zur Abkürzung des Verfahrens sozusagen mit Gewalt zu einer bestimmten Einstellung oder Handlung bewegen. Man würde wahrscheinlich wenig Erfolg dabei haben, denn solche Menschen sind eher bereit, sich zu ruinieren, als nachzugeben. – Auch materielle Nachteile zählen für ihn weniger als ein Festhalten an einem Prinzip. Es kommt also darauf an, das Führungsziel so zu erklären und so auszuformulieren, daß überhaupt keine Widersprüche zu den Grundsätzen des Mitarbeiters mehr bestehen. Es muß sich um eine Führung durch totale Zielübernahme durch den Mitarbeiter handeln, die entweder subjektiv durch zusätzliche Erklärungen der Führungskraft erreicht werden kann oder – notfalls – objektiv erreichbar wird durch eine Veränderung der Führungsmaßnahme selbst i.S. einer Freistellung von einer bestimmten Aufgabe oder einer Versetzung oder einer sonstigen Veränderung der Führungszusammenhänge.

5. Das letzte und fünfte Grundbedürfnis, das wir hier aufführen können, ist das Bedürfnis nach Unabhängigkeit.

Darunter versteht man die Sehnsucht des Menschen, in geistiger und wirtschaftlicher Unabhängigkeit leben und arbeiten zu können. Selbstverständlich ist der Bereich der erstrebten Unabhängigkeit subjektiv verschieden groß; jeder Mensch aber strebt nach einem wenigstens kleinen Bereich der eigenen Kompetenz und Zuständigkeit, in welchem er eigene Entscheidungen und auch eine eigene Verantwortung sein eigen weiß.

Dieses Bedürfnis nach Unabhängigkeit ist um so größer, je weniger Unabhängigkeit der betreffende Mensch in Wirklichkeit zu besitzen glaubt. Insbesondere junge Menschen streben naturgemäß nach Emanzipation aus wirtschaftlicher oder geistiger Bindung an Erwachsene. Aber auch ältere Menschen, die ihre berufliche und private Unabhängigkeit noch nicht ganz erlangt zu haben glauben, streben meistens mit großer Intensität, wenn auch vorwiegend unbewußt, nach der Erweiterung ihres Kompetenzbereiches.

Hieran läßt sich im Verkaufsgespräch wiederum mit großem Vorteil anknüpfen, indem ein entsprechendes Produkt oder eine entsprechende Dienstleistung so angeboten wird, daß dadurch eine Befriedigung dieses Unabhängigkeitsstrebens erreichbar erscheint. Beispielsweise läßt sich dies beim Verkauf von Wertpapieren erreichen oder auch beim Angebot bestimmter Fahrzeuge. In einem Fall ist es eine Unabhängigkeit von räumlichen Distanzen, im anderen Fall eine Unabhängigkeit in wirtschaftlicher und finanzieller Hinsicht.

Auch beim Angebot von Immobilien kann mit Vorteil an dieses Bedürfnis angeknüpft werden, weil in diesem Falle eine Unabhängigkeit von Mietpreisen und Mietmöglichkeiten in Aussicht gestellt werden kann. Auch Versicherungen lassen sich mit großem Gewinn von hierher anbieten. Selbstverständlich kann man so gut wie jedes Angebot auf speziell dieses Grundbedürfnis abstimmen; doch eignen sich manche Angebote besonders dafür und andere wieder weniger.

Auch führungspsychologisch kommt diesem Bedürfnis nach Unabhängigkeit eine immer wachsende Bedeutung zu. Der typische Mitarbeiter ist heute weniger als früher bereit, seine Unabhängigkeit aufzugeben, wenn er in einer Firma arbeitet. Er möchte seine Persönlichkeit und seine persönliche Entscheidungsfreiheit nach Möglichkeit erhalten. Wenn er nach Unabhängigkeit strebt, ist er zudem durchaus bereit, Konsequenzen aus seinem Unabhängigkeitsstreben selbst zu tragen, im positiven wie auch im negativen Falle. Dies bedeutet, daß z.B. das Streben nach Mitbestimmung, was ja geradezu zu einem Politikum geworden ist, von hier zu verstehen ist. Es handelt sich um eine durchaus positiv einzuschätzende Tendenz des Menschen, mündig Entscheidung mitzutragen und nicht einfach fertige Entscheidungen zu übernehmen. Selbstverständlich muß darauf hingewiesen werden, – was gelegentlich leider vergessen wurde! – daß Mitbestimmung im psychologischen Sinne immer auch Mitverantwortung bedeuten muß. D.h. die Resultate der jeweils selbst getroffenen Entscheidung müssen bei dem Entscheidungsträger zu Buche schlagen, und zwar sowohl im Gewinnfalle (als eine Form von leistungsorientierter Bezahlung, Prämien, Beförderungen etc.), wie auch im Verlustfalle (als Form von Verlustbeteiligung, Risikobeteiligung etc.). Der nach Unabhängigkeit strebende Mensch ist im Grunde derjenige, der der Führungskraft-Einstellung am nächsten kommt. Aber nicht jeder, der sich für eine potentielle Führungskraft hält, sollte ohne sorgfältige Prüfung in diese Rolle gebracht werden!

3. Die Diagnose der Grundmotivationen

Wie erkennt man nun, welches dieser fünf Grundbedürfnisse bei einem Kunden sozusagen an der ersten Dringlichkeitsstufe steht? Wenn man diese Frage beantworten kann, hat man einen Zugang zum Verständnis der betreffenden Persönlichkeit eröffnet. Durch nichts wird ein Mensch so treffend charakterisiert wie durch sein jeweiliges Grundbedürfnis Nr. 1, weil dieses Streben und Wünschen seine bewußten und unbewußten Sehnsüchte beeinflussen wird. Daher kommt dieser Frage eine zentrale verkaufspsychologische Bedeutung zu. Wenn es sich um die Vorbereitung einer Verkaufsaktion handelt, die ein bestimmtes Produkt fördern soll, so führt man am zweckmäßigsten einen Test an der betreffenden Zielgruppe durch, mit dessen Hilfe man an die jeweils mächtigsten Bedürfnisse herankommen kann. Falls es jedoch nicht möglich ist, eine so langfristige Vorbereitung einer Verkaufsaktion durchzuführen, muß man ohne Tests auskommen und sich auf die Gesprächsanalyse verlassen. Diese stellt dann sozusagen die erste Stufe des Verkaufsgesprächs dar, auf welcher der Kunde über seine eigene Situation und über seine Erwartungen beziehungsweise Wünsche und Bedürfnisse spricht. Der Verkäufer muß hierbei lediglich das Gespräch gleichsam in Gang setzen, soll aber im übrigen möglichst viel Gelegenheit zur Selbstdarstellung des Kunden geben. Diejenigen Begriffe und Situationen, die der Kunde hierbei am häufigsten erwähnt und beschreibt, selbst auch im negativen Sinne, hängen mit einiger Sicherheit mit seinem jeweiligen Bedürfnis Nr. 1 zusammen; d.h. der Mensch spricht im positiven und negativen Sinne am meisten von denjenigen Gegenständen oder Zuständen, die seinem jeweiligen Bedürfnis Nr. 1 entsprechen.

Man kann dies, wenn sich keine Gelegenheit zu einem ausführlichen psychologischen Test ergibt, was in der Führung und im Verkauf die Regel sein dürfte, auch dadurch erleichtern, daß man den Gesprächspartner in verschiedenen typischen Situationen beobachtet oder gesprächsweise seine Einstellung zu typischen Gegebenheiten erforscht. Wir wollen im folgenden einige solche Situationen mit angedeuteten typischen Einstellungen für die einzelnen Grundmotivationen darstellen, ohne daß dadurch weitere typische Situationen, die sich in einzelnen Führungs- und Verkaufssituationen entwickeln lassen, ausgeschlossen werden sollen. Auch die Einstellungen selbst sind lediglich Lösungshilfen und sollen nichts vorwegnehmen, was der Leser etwa selbst in Erfahrung bringen möchte.

Eine erste typische Beobachtungssituation zur Diagnose der Grundmotivation durch die Führungskraft oder auch durch den Verkäufer ist die *äußere Erscheinung* des Gesprächspartners.

Hierin schon zeigt sich sowohl bezügl. der Kleidung als auch hinsichtlich der Körperhaltung meistens schon mehr oder weniger deutlich, ob es sich um Motivation Nr. 1 oder Motivation Nr. 2 handelt. Auch die anderen drei Motivationseinstellungen lassen sich mit einiger Übung daraus ablesen, wenngleich es schwerer sein dürfte, allein aus der äußeren Erscheinung auf Motivation Nr. 3 oder 5 zu schließen. Hier müssen eben dann weitere Beobachtungssituationen hinzugenommen werden. Typisch für Nr. 1 wäre vielleicht eine Tendenz zum Modisch-Extravaganten in der Kleidung, was sowohl leicht übertrieben sein könnte, oder auch der Hinweis auf Außergewöhnliches durch allerlei exklusive »Kleinigkeiten« bei der Kleidung. Die Körperhaltung dürfte aufrecht und die Gestik ausladend sein, die Körperbewegungen eher lässig und großzügig als ängstlich und beherrscht.

Anders wäre sicherlich der Motivationstyp Nr. 2 einzustufen. Hier würde es sich um eine Tendenz zur »Solidität« in der Kleidung handeln, die auf Kosten der modischen »Neuheit« eher konservativ, angepaßt, unauffällig und sozusagen »strapazierfähig« wirkt. Auch die Körperhaltung und Mimik und Gestik wirken eher unauffällig und auf Anpassung bedacht bis sogar unterwürfig. Die Hände sind z.B. typischerweise über der Brust zusammengehalten und nicht – wie bei Nr. 1 – lässig bis großzügig in der Hosentasche oder über dem Kopf zur Gestikulation eingesetzt.

Bei der Motivation Nr. 3 (Vertrauen) wird sich die äußere Erscheinung wieder ähnlich wie bei Nr. 2 darstellen, und insofern ist es nicht leicht, allein durch die Erscheinung bei dieser Motivation zu einer einigermaßen zuverlässigen Einschätzung zu gelangen.

Bei Nr. 4 dagegen (Selbstachtung) wird man in aller Regel eine übertriebene Tendenz zur Exaktheit und Sorgfalt beobachten. Schließlich strebt der Selbstachtungsmotivierte nach Übereinstimmung mit subjektiven Normen, was sich auch in der Kleidung und in seiner Tendenz zur Pünktlichkeit und Korrektheit ausdrücken wird. So wie dieser Mensch selten einen Kompromiß eingehen wird, so wird er auch kaum zu spät kommen oder in seiner Kleidung irgendeine Unkorrektheit aufweisen. Seine ganze Umgebung (z.B. sein Schreibtisch) ist ebenfalls übertrieben korrekt, geordnet und über lange Zeit hinweg gleichbleibend. Diese Tendenz zur konservativen Einstellung hat Nr. 4 mit Nr. 2 gemeinsam. Selten wird man hier also die neueste Mode sehen, wohl aber stets exakte und korrekte Kleidung, die vielleicht sogar bewußt altmodisch wirken kann.

Nr. 5 (Unabhängigkeit und Verantwortung) wird sich demgegenüber in einer wieder eindeutigen Tendenz zur Individualität auswirken. Dieser Mensch wird weniger an irgend einer modischen Tendenz orientiert sein als an seiner persönlichen Geschmacksrichtung, die aber nicht so starr sein muß wie bei Nr. 4, sondern beweglich und umstellungsfähig. Nr. 5 macht sich also weitgehend frei von den »Zwängen« und tritt unkonventionell so auf, wie er es selbst verantworten zu können glaubt.

Wie schon erwähnt, müssen wir uns hüten, allein auf Grund der äußeren Erscheinung eine Motivationsdiagnose vorzunehmen. Es handelt sich nur um ein erstes Beobachtungsfeld. Ein zweites Beobachtungsfeld ist z.B. die Einstellung des Mitarbeiters oder Kunden hinsichtlich seiner *Freizeit und seines Hobbys.* In diesem Bereich verhält sich der Mensch in der Regel so wie er es möchte und braucht so gut wie keine Rücksicht auf irgend welche Zwänge zu nehmen. Deshalb eignet sich diese Situation auch sehr gut für die Motivationsdiagnose. Wenn man einen Menschen in seinem derzeitigen Freizeitverhalten kennt oder wenn man ihn darüber berichten lassen kann, hat man meistens einen unproblematischen Zugang zu seinen Grundmotivationen, die im Augenblick wenigstens an der ersten Stelle sein können. Wir haben ja schon erwähnt, daß sich die Reihenfolge der Motive dann wieder ändern kann, so daß eine solche Diagnose immer wieder neu vorgenommen werden muß, wenn man vermeiden will, daß man seine Führungsmaßnahme oder sein Angebot unzweckmäßig vorstellt und dadurch keine primäre Motivation entstehen kann.

Eine typische Freizeit- und Hobby-Einstellung für Nr. 1 wären etwa Sportarten, die einen Hang zum Exklusiven einschließen können. Hierher würde etwa Golf, Reiten, Polo, Tiefseetauchen, Fliegen oder Jagen etc. gehören. Selbstverständlich können solche Sportarten auch aus ganz anderen Motivationen heraus betrieben werden, aber typisch wäre dafür ohne Zweifel die Nr. 1-Motivation, zumal wenn beim Gespräch betont würde, mit welch exklusiven Menschen man bei diesen Gelegenheiten Umgang hat. Überhaupt ist die Neigung zu exklusiven Clubs, möglichst in exponierter Stellung, ebenfalls typisch für die Nr. 1-Motivation.

Bei der Motivation Nr. 2 wird es sich demgegenüber eher um Freizeit- und Hobby-Einstellungen handeln, die zuhause oder wenigstens in irgend einem auf Sicherheit und Unauffälligkeit ausgerichteten Milieu vollzogen werden können. Basteln im eigenen Heim z.B. wäre typisch für diese Motivation. Aber auch die Beschäftigung im eigenen Garten, möglichst mit Obst- und Gemüse-Zucht-Ambitionen, die ebenso unauffällig-sicher wie sparsam sein könnten, wäre durchaus typisch für Nr. 2. Diese Motivation kann aber auch das Sammeln von festverzinslichen Wertpapieren zu einer Art vorherrschendem Hobby werden lassen, während beispielsweise Aktien weniger attraktiv für diesen Menschen wären. Charakteristisch wäre die Neigung, den Garten auch mit einem stabilen Gartenzaun zu umgeben, sich also abzuschließen, mit Sicherheit zu umgeben.

Ähnlich würde sich wieder Nr. 3 verhalten, obgleich wir bei ihm eine vorherrschende Tendenz zur Zuwendung zu einem Menschen seines Vertrauens finden werden. Typisch wäre also hier eine ausgeprägte Familien-Einstellung. Man kann bei dieser Motivationsvorausssetzung nicht selten die eigene Familie geradezu als Hobby finden! Andererseits finden wir diese Motivationstypen auch häufig als Mitglieder in allerlei Vereinen, die nicht gerade zu den Prestige-Clubs gehören müssen. In diesen Vereinen übernimmt Nr. 3 auch gerne solche Positionen, die andere nicht gerne ausüben wollen – er ist der typische Kassenwart z.B., der das Vertrauen der Mitglieder hat, sich aber nie freiwillig an die erste Stelle setzen möchte.

Bei der Motivation Nr. 4 handelt es sich demgegenüber um eine meist sehr ausgeprägte Tendenz zum Sammeln von irgend welchen Raritäten, die manchmal bis ins Skurrile gehen können. Kieselsteine mit einem ganz speziellen Muster z.B. sammelte längere Zeit jemand, der uns als ausgeprägter, selbstachtungsmotivierter Mensch bekannt wurde. Auch betätigt sich ein solcher Mensch gerne im juristischen Bereich aus Freude an der Idee der Gerechtigkeit, die ja aufs engste mit der Selbstachtungsmotivation zusammenhängen dürfte. So finden sich diese Menschen auch häufig auf der Seite der »Bürgerinitiativen«, von denen sie sich mehr Gerechtigkeit in dieser oder jener Hinsicht versprechen. Die Neigung zur Gerechtigkeit wird oft auch zur Wurzel für fanatisches Streben nach einer schon nicht mehr praktikablen

Gerechtigkeit, die sich nur noch im idealistischen Raum des Wunschdenkens abspielt. Hierher gehören Freizeitbeschäftigungen im Richtung auf aktive Mitgliedschaft in Zusammenschlüssen, die auf Weltverbesserung etc. ausgerichtet sind.

Bei der Motivation Nr. 5 haben wir endlich ein Freizeitverhalten, das wiederum den Individualismus dieses Menschen widerspiegelt. Es handelt sich um eine Tätigkeit, die nicht auf Zusammenarbeit mit anderen Menschen ausgerichtet ist, sondern alleine vollzogen werden kann, denn der Nr. 5-Motivierte ist im Prinzip kein Teamworker, sondern eher ein Einzelgänger, der aber, wenn er sich in einer Gruppe engagiert, auch bereit ist, die Verantwortung im positiven Sinne des Wortes zu übernehmen. Drachenfliegen oder Bergsteigen beispielsweise habe ich schon bei Unabhängigkeitsmotivierten beobachtet. Aber auch eine sachliche und verantwortungsbewußte Zuwendung zu den Aufgaben des Berufs wäre typisch.

Ein drittes Beobachtungsfeld für die Grundmotivation eines Menschen wäre sein *Verhalten in Gruppen* (etwa Arbeitsgruppen im Betrieb oder auch bezügl. des Verhaltens zu Mitarbeitern etc.).

Der auf soziale Anerkennung Motivierte wird diesbezüglich meistens darauf bedacht sein, innerhalb der Gruppe initiativ zu wirken und die Dinge sozusagen an sich zu reißen. Er möchte im Mittelpunkt stehen und bewundert werden – darauf werden seine Maßnahmen letzenendes abzielen.

Der Nr. 2-Motivierte dagegen wird unauffällig bleiben wollen und sich nicht exponieren wollen. Er wäre in der Gruppe der typische »Ja-Sager«, der sich jeweils nach der Mehrheit richtet und selten eine abweichende eigene Meinung äußert.

Bei dem Nr. 3-Motivierten wird es sich eher um einen Menschen handeln, der in seiner Gruppe eine starke Alpha-Orientierung aufweist, d.h. er wird sich in seinem Verhalten weitgehend an die Person seines Vertrauens anschließen und insofern kaum eine abweichende eigene Meinung längere Zeit vertreten.

Bei der Motivation Nr. 4 finden wir demgegenüber Menschen, die kompromißlos ihre eigenen Prinzipien verfolgen und deshalb innerhalb der Gruppe meistens als extrem unangepaßt, ja als unbequem empfunden werden. Sie halten oft den Gang einer Verhandlung auch dadurch auf, daß sie immer wieder auf etwas zurückgreifen, was an sich von den meisten Mitgliedern als erledigt betrachtet wird. Sie verharren dann auf diesem Detail und sind selten dazu zu bewegen, ein Zugeständnis zu machen. Im Grunde haben diese Menschen sozusagen tragischerweise meistens recht, wenn auch um der Praktikabilität willen das absolute Recht und die absolute Wahrheit eigentlich nur »den Göttern« zukommen sollte!

Bei der Motivation Nr. 5 finden wir unabhängig agierende Menschen, die aber innerhalb der Gruppe auch die Verantwortung für das Ganze zu übernehmen bereit sind. Sie sind eigentlich Einzelgänger, aber wenn sich eine Aufgabe eben nur in der Gruppe bewältigen läßt, ordnen sie sich mit aller Verantwortlichkeit ein und übernehmen dann auch nicht selten die Führungsrolle in einer positiven Weise (im Gegensatz zu Nr. 1, der zwar danach strebt, aber meist nicht bereit ist, die Verantwortung echt zu übernehmen).

Ein viertes Beobachtungsfeld zur Diagnose der Grundmotivation wäre nun das *Verhalten zum Vorgesetzten.* Auch hier könnte man nun typische Einstellungen der einzelnen Motivationsgruppen aufzeichnen und dadurch die Zuordnung erleichtern.

Eine weitere geeignete Einstellung wäre etwa das *verbale Verhalten:* Spricht ein Mensch z.B. vorwiegend in der »Ich-Form«, so läßt dies auf eine andere Grundmotivation schließen als wenn er bevorzugt in der »Man-Form« spricht. Manche sprechen bevorzugt in Form von Prinzipien, Zitaten oder Gesetzestexten, was abermals eine andere Grundmotivation verraten kann etc. Schließlich finden wir das Beobachtungsfeld der *Einstellung zu Kritik* (Reklamation etc.) hilfreich für die Diagnose der Grundmotivationen. Neigt man zu einer sachlichen Aufnahme der Kritik oder zu einer unbeugsamen Einstellung und zu einer Ablehnung des kritisierten Punktes unter Berufung auf Prinzipien etc. – dies alles sind Hinweise für die Wirksamkeit entsprechender Motivationen. Ein Beispiel für ein ausgearbeitetes Diagnose-Raster einschließlich Strategie/Konsequenz kann folgende Tafel darstellen:

Motiv \ Beobachtung	ÄUSSERE ERSCHEINUNG	VERBALE ÄUSSERUNGEN	FREIZEIT HOBBY	VERHALTEN IN DER GRUPPE	VERHALTEN VOR VORGESETZTEN	VERHALTEN ZUR ZUKUNFT	STRATEGIE	
							MITARBEITER	KUNDE
SOZIALE ANERKENNUNG	Repräsentative Erscheinung, modisch, extravagant, auffallend,	Spricht in „Ich-Form", theatralisch, lautstark gestikulierend, modische Fremdwörter, effekthaschend,	Mondäne Clubs, extravaganter Sport, ausgefallene Reisen, (Großwild-Safari), aparte Frauen	Führungsanspruch, Initiative, Wortführer, engagiert sich nicht verantwortlich	sich in Position setzen, benutzt jeden anderen um beim Vorgesetzten im besten Licht zu erscheinen, versteht Schuld abzuwälzen, opportunistisch, ohne Standpunkt,	naiv-optimistisch, sieht keine Gefahr, sorglos,	Anerkennung durch Verleihen von Status-Symbolen, Führung bis an die Grenze der Belastbarkeit	Exklusive Prestige-Angebote
SICHERHEIT GEBORGENHEIT	konventionell, konservativ, traditionsgebunden, solide, bieder, dienernd unterwürfige Haltung durch Streben nach Sicherheit	zurückhaltend, spricht in „Man-Form", leise und wenig, ruhig, gehemmt, hält sich an die Mehrheit bei seinen Äußerungen	unauffällige Hobbys, Gartenpflege, Heimwerker, Modellbau, Briefmarken, Münzen, Wandern, Urlaub auf dem Bauernhof oder einfacher Pension	anpassend, unauffällig, risikoscheu, zurückhaltend,	unterordnend, gefügig, Ja-Sager,	absichernd, ängstlich, vorsorgend, vorausdenkend,	sichere, gleichbleibende Arbeiten versprechen, Erklären, warum wie was gemacht wird. Richtiges an Information	Bewährtes anbieten Guter Kundendienst, Qualität garantieren
VERTRAUEN	ähnlich wie 2, ausgerichtet auf Bezugsperson	vorbildsorientiert, ruhig, „Wir-Form", angenehm, teilt seiner Bezugsperson persönliche Probleme mit	Vereinsmeier, karitative Organisationen, Familie, Kegelclub, Stammkneipe,	kompromißbereit, dienend, abhängig von Bezugsperson,	loyal, zuverlässig, strebt persönlichen Bezug zu Vorgesetzten an, persönliches Verhältnis zum Vorgesetzten anstrebend,	versucht durch Freunde und persönliche Beziehungen seine Zukunft zu sichern,	Interesse zeigen für seine Probleme	Persönliche Erfahrungen verkaufen, (Subjektiver Verkauf)
SELBSTACHTUNG	korrekte Kleidung pedantisch, eitel, pünktlich,	pointiert, absichernd, zitierend,	politisch engagiert, neigt zu Fanatismus, ausgefallene Sammelei,	kompromißlos, intolerant, dadurch isoliert, fanatisch,	distanziert, rechthaberisch, unnachgiebig,	pessimistisch, skeptisch, ungläubig,	motivieren, daß seine Vorstellungen mit unseren übereinstimmen	extrem genau erklären, präzises, deklariertes Angebot, (Genaue Detailkenntnisse der Ware erforderlich)
UNABHÄNGIGKEIT VERANTWORTUNG	offen, aufrecht, salopp, individualistisch, (nicht auffallend)	zielsicher, bestimmt, vertritt Standpunkt konsequent, überzeugend, sachlich	Einzelsportler mit Risiko, Individualreisen, (mit Landrover durch die Wüste)	Führungsanspruch, falls er in der Gruppe auftritt, aufgeschlossen, konstruktiv, tolerant,	sachlich, realistisch, eigene Meinung, ideenreich,	positiv, optimistisch, realistisch,	Führung im Mitunternehmeranspruch, will frei arbeiten, prämienorientierte Bezahlung	einfacher Kunde sachliche Information, realistisch ökonomisch

4. Führungs- und Verkaufsstrategien als Funktionen der Grundmotivation

Haben wir nunmehr die Grundlagen der Diagnose des jeweiligen Grundmotivs beim Gesprächspartner behandelt, so stellt sich die Frage nach der zweckmäßigen Strategie für den Umgang mit diesem Mitarbeiter, die im Prinzip so ausgerichtet sein müßte, daß es zu einer primären Zuwendungsmotivation kommt und auf keinen Fall zu einer Frustration durch eine bloß äußerlich erzwungene Zuwendung.

Diese Frage zu stellen heißt im Grunde den Versuch zu unternehmen, traditionelle Führungsstrategien als Funktionen entsprechender Mitarbeitermotivationen aufzufassen, sie also insofern zu relativieren, als sie nicht mehr absolut gelten, sondern nur in Bezug auf die jeweils festzustellenden Erwartungen des Mitarbeiters bzw. Kunden. Dieser psychologische Ansatz der Führungsstrategien ist um so wichtiger, als letztenendes der Zweck der Führung in einer reibungslosen, d.h. frustrationsfreien Übernahme der Maßnahme durch den Mitarbeiter gesehen werden kann. Wenn der Mitarbeiter von sich das anstrebt, was er vom Standpunkt der Führungskraft aus anstreben soll, so ist dies der Idealzustand nach einer entsprechenden Führungsmaßnahme, weil wir dann die primäre Motivation für die Maßnahme erreicht hätten.

Entsprechendes gilt für den Verkauf und für die Überzeugungsvermittlung schlechthin. Auch hier will der Überzeuger (Verkäufer) durch seine Kundenstrategie erreichen, daß der Zu-Überzeugende (Kunde) von sich danach verlangt, was der Überzeuger anzubieten hat.

Dies alles ist unmöglich mit ein und derselben Strategie bei verschiedenen denkbaren Motivationen (bzw. Erwartungen) der Gesprächspartner zu erreichen. Vielmehr müßte die Strategie entsprechend der vorher zu diagnostizierenden Grundmotivation ausgerichtet sein.

Von diesem Standpunkt her ergibt sich folgende Lösung:
Bei der Grundmotivation (soziale Anerkennung), muß die Strategie im Führungs- und Überzeugungsbereich so ausgerichtet sein, daß

der Gesprächspartner, der geführt werden soll, durch die Maßnahme gleichzeitig und vor allem sein Grundmotiv nach sozialer Anerkennung befriedigt sieht. Dies führt auf die Führungsstrategie des *Management by Delegation* hin. Hierbei soll die Führungskraft bzw. der Überzeuger soviel an Zuständigkeiten, gleichsam an »Alphakompetenzen« an den dafür qualifizierten Mitarbeiter abtreten, wie es die Sache und der Mitarbeiter erlaubt. »Delegation« wird hierbei aufgefaßt als eine Form des Abtretens von Kompetenzen (i.S. von Prestige-Marken) an den Mitarbeiter, der diese Kompetenzen gerade noch auszufüllen in der Lage ist.

Die beiden Hauptgefahren bei dieser MbD-Strategie (»Management by Delegation«) liegen also in der Unterforderung des Mitarbeiters auf der einen Seite und in der Überforderung auf der anderen Seite. Diese Gefahren bannt man am besten durch eine möglichst frühzeitige Erkenntnis der im Mitarbeiter vorhandenen potentiellen Fähigkeiten. Dies wiederum ermittelt man bei der Einstellung am zuverlässigsten durch die Anwendung entsprechender psychologischer Testverfahren. Die Gefahr der Unterforderung ist heute fast größer als die der Überforderung, denn sehr viele relativ gut ausgebildete Mitarbeiter werden bald in der Lage sein, allzu einfache Aufgaben bewältigen zu müssen, so daß sie mehr oder weniger starke Unterforderungsfrustrationen ausbilden werden – dies könnte eine Quelle für tiefsitzende neurotische Tendenzen und Aggressionen sein.

In der Überzeugung, etwa im Falle des Verkaufs, bedeutet MbD, daß der Verkäufer seinem auf Prestige motivierten Kunden möglichst viele Entscheidungen nach entsprechender Vorbereitung selbst überlassen soll. Auf keinen Fall darf er versuchen, den Kunden in irgend einer Weise zu bevormunden oder in eine Entscheidung hineindrängen.

Ganz anders sieht die Führungsstrategie bei der zweiten Motivation aus. Hier handelt es sich um das Streben nach Sicherheit und Geborgenheit, das, wie erwähnt, mit der Aufnahme von Informationen und Sinnzusammenhängen verknüpft ist. Die richtige Strategie bei der zweiten Motivation ist *MbI (Management by Information)*. Der Mitarbeiter soll hierbei möglichst detaillierte Informationen über die Maßnahme erhalten, bevor erwartet werden darf, daß er sich ihr primär motiviert zuwendet. Seine Unsicherheit würde verstärkt werden, wollte man ihm Informationen, also Erklärungen, vorenthalten. Vielmehr soll alles, was vom Mitarbeiter erwartet wird, in diesem Falle aufs sorgfältigste und vor allem aufs verständlichste erklärt und vorbereitet werden. Nun muß erwähnt werden, daß man hier auch des Guten zuviel tun kann, indem man nämlich einen Mitarbeiter durch Überinformieren erst recht verunsichert. Natürlich ist eine Unterinformierung ein Unsicherheitsfaktor, aber Überinformierung ist mindestens ebenso schädlich für die zweite Grundmotivation. In gewisser Hinsicht ist vielleicht vieles an Unsicherheit in unserer Zeit durch Überinformation ausgelöst, die wiederum nicht zuletzt durch das manchmal etwas kritiklos arbeitende System unserer Massenmedien ausgelöst wird: was gestern in einer viele tausend Kilometer entfernten Gegend passiert ist, kommt uns schon heute per Fernsehen mitten ins Wohnzimmer und zwar so »hautnah«, daß man es meistens auf sich selbst überträgt und ganz außer Acht läßt, daß es sich vielleicht um ein Ereignis gehandelt hat, das man früher überhaupt nie erfahren hätte – und das einen auch niemals belastet hätte.

In einem Betrieb gilt natürlich Ähnliches: Der Mitarbeiter muß informiert sein, aber nur über die Bereiche und Zusammenhänge, die mit seinen Arbeiten einen Zusammenhang haben. Alles andere würde ihn nur belasten, ohne ihm zu nützen. Man sieht, daß zu einem richtigen MbI auch eine genaue Zieltaxonomierung im Betrieb gehört, aus der hervorgeht, welche Ziele von welchen Organisationsteilen des Betriebs wie bewältigt werden sollen: Die Zusammenhänge dieser Aufteilungen müssen dann dem einzelnen Mitarbeiter möglichst eindeutig klar gemacht werden.

Im Verkauf gilt wiederum Ähnliches: MbI im Verkauf bedeutet, daß der nach Sicherheit und Geborgenheit verlangende Kunde über alle Details eines Angebots informiert werden muß. Sowohl der Kundendienst wie auch die Herstellungsweise, die Arbeitsweise eines Apparates oder die Reparaturmöglichkeiten sind in diesem Zusammenhang äußerst wichtig. Bei dieser Motivationslage kann der Verkäufer alle diejenigen Details »an den Mann« bringen, die er z.B. bei der Motivationslage Nr. 1 überhaupt nicht anwenden kann. Hier bei der Nr. 2-Motivation hat er dagegen einen dankbaren Kunden, der ihm begierig zuhört, wenn es darum geht, Informationen zu erhalten, die die vorhandene Unsicherheit überwinden helfen können.

Anders sieht die Führungsstrategie bei der Grundmotivation Nr. 3 (Vertrauen) aus. Hier geht es darum, so zu führen, daß im Grunde keine direkte Führung ausgeübt wird, sondern eine indirekte. D.h. der Mitarbeiter soll kooperativ angegangen werden, so daß er sich selbst gleichsam den Auftrag erteilt, den er von der Führungskraft erteilt bekommen hätte. Dies setzt wiederum eine detaillierte Erklärung und Einweisung in die anliegenden Zusammenhänge voraus. Nur so kann der Mitarbeiter auf die Formulierung der entsprechend sinnvollen Maßnahme gebracht werden.

In der Therapie kennt man die indirekte Gesprächsführung (nach Rogers) schon seit langer Zeit und hat bedeutende Erfolge damit erzielt. Der Therapeut darf hierbei ebenfalls keine Kommentare und direkten Fragen abgeben, sondern muß ein möglichst interessierter, aber sich eigener Äußerungen enthaltender Zuhörer sein, der gerade dadurch (»Mh-Technik«!) eine immer präzisere Problemformulierung und -erkennung beim Gesprächspartner bzw. Patienten erreicht.

Im Führungszusammenhang spricht man daher von MbC (*Management by Cooperation*), wenn es sich darum handeln soll, möglichst viel Vertrauen zu vermitteln durch die beschriebene indirekte Art zu führen.

Im Verkaufs- bzw. Überzeugungszusammenhang gilt Analoges, denn auch hier soll der Verkäufer, wenn er festgestellt hat, daß der Kunde bzw. Gesprächspartner auf Vertrauen motiviert ist, dieses Vertrauen dadurch befestigen, daß entscheidungsreife Vorschläge so vorbereitet werden, daß der Kunde sie übernehmen und selbst formulieren kann. Gerade auch bei der Anhörung von Gegenargumenten – wir werden beim Aufbau des Verkaufsgesprächs noch genauer darauf eingehen – geht es darum, möglichst mit MbC zu arbeiten, d.h. den Partner, ohne ihn zu berichtigen oder zu korrigieren, anzuhören, aussprechen zu lassen und erst hinterher mit entsprechend einleuchtenden und ebenfalls wieder auf seine Grundmotivation ausgerichteten Entkräftungen gegenzusteuern.

Bei der Motivationsgegebenheit der Selbstachtung (Nr. 4) haben wir es mit einer Führungsstrategie zu tun, die darauf ausgerichtet ist, von vornherein zu einer Zielübereinstimmung zwischen Führungskraft und Mitarbeiter zu gelangen. Es handelt sich um den psychologisch relevanten Gedanken der MbO-Strategie (*Management by*

Objectives). Einen Mitarbeiter, der nach Selbstachtung strebt, gegen seine Prinzipien und gegen seine Zielrichtung führen zu wollen, würde bedeuten, diesen Mitarbeiter in einem ausweglosen Kampf gegen sich selbst zu neurotisieren und auf jeden Fall schlechtere Leistungen zu provozieren. Die Ziele müssen daher so erklärt und durchsichtig gemacht werden, daß der betreffende Mitarbeiter in der Lage ist, sie voll und ganz zu bejahen, sich mit ihnen nach Möglichkeit sogar zu identifizieren.

Man kann zwei Arten von MbO in diesem Zusammenhang unterscheiden. Die erste bezieht sich auf ein subjektives Verfahren und die zweite auf ein objektives Vorgehen. Ersteres beruht darauf, dem Gesprächspartner die Änderung seines ursprünglichen Verhaltens dadurch zu ermöglichen, daß man ihm neue Argumente liefert, die ihm seither verborgen waren. Es müßte ihm unter Berücksichtigung dieser neuen Gesichtspunkte einleuchten, daß so verfahren werden muß. Wenn dies jedoch scheitert, weil z.B. die eigene Einstellung zu tief verwurzelt ist oder sogar irrational begründet ist, dann bleibt nur das objektive Verfahren, das im wesentlichen darin beruht, daß MbO so praktiziert wird, daß eine Zielübereinstimmung durch eine objektive Veränderung der Situation erreicht wird. Praktisch ist dies meistens eine Freistellung des Mitarbeiters von der betreffenden Maßnahme, eine Versetzung in eine andere Abteilung oder Ähnliches.

Im Verkauf und in der Überzeugungssituation gilt natürlich wiederum Ähnliches. Auch hier muß der Verkäufer strategisch auf eine Zielübernahme hinarbeiten, wenn er festgestellt hat, daß es sich um die Motivation Nr. 4 handelt. Hierzu sind meistens detaillierte Kenntnisse der Herstellungsart etc. bezüglich des Angebots nötig, also Kenntnisse, die man bei anderen Motivationslagen kaum anwenden kann. Insofern sind die Selbstachtungsmotivierten auch wieder dankbare Gesprächspartner, wiewohl sie wahrscheinlich die schwierigsten Partner überhaupt sein dürften.

Wenden wir uns endlich der Strategie zu, die sich bei der Grundmotivation Nr. 5, also bei dem Streben nach Unabhängigkeit und Verantwortung, als die zweckmäßigste ergibt: Es handelt sich hier um die schwer zu praktizierende MbR-Strategie (*Management by Results*). Dabei geht es darum, daß dieser Mitarbeiter möglichst viel Gelegenheit erhalten soll, sich gleichsam als Mitunternehmer zu betätigen, indem er eigenständige, zumutbare Entscheidungen treffen darf, die er aber auch voll und ganz zu verantworten hat. Hierbei ergibt sich nun, daß eine Entscheidung (oder eine Mitbestimmungsaktion) entweder positiv oder auch negativ ausgehen kann. Im ersteren Fall wäre die psychologisch richtige Konsequenz die Gewinnbeteiligung im angemessenen Umfang, bzw. die leistungsorientierte Prämie oder Beförderung etc. Im letzteren Fall aber, wenn es sich um einen negativen Verlauf handelt, müßte der Mitarbeiter ebenfalls in angemessenem Umfang am Verlust beteiligt sein, d.h. er müßte materielle oder auch ideelle Negativa ebenfalls auf sich nehmen. In dieser Beziehung gibt es in der Praxis noch nicht sehr viele Beispiele für gelungenes MbR in organisatorischer Hinsicht. Zumal juristische Voraussetzungen scheinen auch noch nicht in allen Bereichen klar genug zu sein, um konkrete Modelle erarbeiten zu können. Selbstverständlich läßt sich MbR im Bereich des Vertriebs und des Verkaufs auch leichter durchführen als etwa in der Innendienstverwaltung, wo schon die Kriterien für den jeweiligen »Erfolg« nicht leicht zu quantifizieren sind, jedenfalls nicht hinsichtlich der Leistung eines Einzelnen!

Bezogen auf den Verkauf müßte sich bei MbR der Kunde als der eigentliche Verantwortliche für den Einkauf fühlen dürfen. Man darf ihm keine Entscheidung abnehmen und man darf wohl auch keine zu detaillierten Erklärungen abgeben, die eine solche Entscheidung faktisch vorwegnehmen würden. Der Nr. 5-Motivierte muß sich als Individualist fühlen dürfen, d.h. er selbst soll die Entscheidungen treffen und auch verantworten. Ein Verkäufer z.B., der seinerseits auf Nr. 5 motiviert ist, würde falsch behandelt werden, wenn er festbesoldet wäre und keine leistungsabhängige Bezahlung – wenigstens teilweise – hätte. Er braucht die Idee der Umsatzbeteiligung, der Prämie etc., um gerade dieses wichtige Motiv befriedigen zu können.

Wichtig ist nun bei all diesen Strategien, daß sie Funktionen der vorher festzustellenden Grundmotivation des jeweiligen Gesprächspartners sind. Wenn es sich deshalb um mehr als einen Gesprächspartner handelt, dann geht es darum, daß alle Zuhörer dadurch angesprochen werden, daß eben alle 5 denkbaren Motive angesprochen werden, und zwar auf einer ganz bestimmten Stufe der Argumentation, auf die wir noch einzugehen haben. Die Führungskraft – und auch der Verkäufer – müssen eben alle fünf Strategien zur Hand haben und auch die Fertigkeit, ihre Maßnahme (ihr Angebot) auf möglichst fünf verschiedene Weisen anzubieten, und bei Gruppensituationen eben auf eine alle fünf Formen kombinierende Art und Weise. Dies ist besonders bei der politischen Rede wichtig, wo ja in der Regel nicht ein Einzelner, sondern möglichst viele durch eine Rede – etwa vor dem Fernsehen – angesprochen werden sollen. Weil bei den Zuhörern alle fünf Motive theoretisch und praktisch unterschiedlich stark repräsentiert, aber eben doch repräsentiert sein werden, müssen wir hier alle fünf Motive berücksichtigen, wir müssen also gleichsam in eine Rede fünf verschiedene Ansätze hineinweben, dann können wir sicher sein, daß sich jeder angesprochen fühlt. Übrigens neigt der Mensch dazu, das zu überhören, was ihn nicht anspricht, so daß es nicht schädlich ist, einen Teil der Zuhörer mit etwas zu belästigen, was eigentlich für andere Gruppen gedacht ist – man darf damit rechnen, daß diese Zuhörer eben entsprechende – freilich nicht zu lange Passagen – überhören werden!

II. Das Problem der Überzeugung in Führung und Verkauf

Ähnlich wie Motivation bezieht sich auch die Überzeugung auf eine Beeinflussung eines Gesprächspartners bzw. Zuhörers entsprechend einer Zielvorstellung. Im engeren Sinne aber meint man mit Überzeugung den Vorgang der Übertragung einer bestimmten Einstellung von einem Gesprächsleiter zu einem Gesprächspartner. Dadurch wird Überzeugung zu einem zentralen Anliegen der Führung und auch des Verkaufs. In beiden Situationen kommt es auf die möglichst reibungslose Übertragung von Einstellungen an.

Fragen wir uns daher zunächst, welche Faktoren grundsätzlich in jeder Überzeugungssituation enthalten sind, um den Gesetzmäßigkeiten der Überzeugung auf die Spur zu kommen:

1. Die Faktoren einer typischen Überzeugungssituation

Sowohl in der Führung wie auch im Verkauf ist praktisch kaum Raum für bloße Routine. Man kann sich eigentlich auf kein Schema einstellen, denn jedesmal muß man sich auf neue Verhältnisse einstellen. Jede Situation etwa im Verkauf ist zwar in bestimmter Beziehung wieder grundsätzlich ähnlich wie die vorausgegangene, aber im Detail handelt es sich dennoch jedesmal um eine neue Herausforderung an den Verkäufer.

Jeder geglückte Verkauf ist eine geglückte Problembewältigung und birgt deswegen eine Befriedigung in sich selbst. Dennoch ist es möglich, bestimmte gleichbleibende Faktoren in der Verkaufssituation psychologisch herauszuanalysieren und zu beschreiben. Je exakter man diese Faktoren des Verkaufs kennt, desto sicherer läßt sich auch die einzelne Verkaufssituation meistern. So verschieden im einzelnen der Kunde mit seinen Interessen und Bedürfnissen auch sein mag und so verschieden auch das Angebot sein kann, mit dem der Kunde in Beziehung gebracht werden soll, stets lassen sich drei große Faktorengruppen in einer Verkaufssituation unterscheiden:

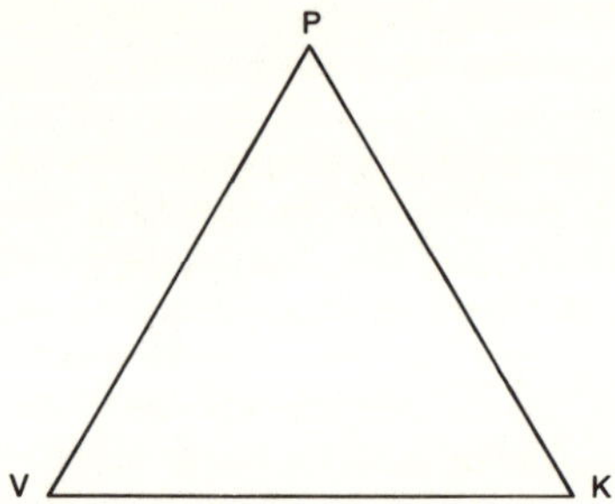

Ordnen wir diese drei Faktoren in einem Dreieck an, so haben wir an der Spitze dieser Figur das Produkt, d.h. die Ware, das Angebot, den Artikel. Links unten haben wir den Verkäufer mit seinem Auftrag und rechts unten steht der Kunde, der durch den Verkäufer mit dem Produkt in Beziehung gebracht werden soll.

Das gleiche Dreieck ergibt sich bei der Analyse einer Überzeugungssituation im Führungszusammenhang. Denn hier handelt es sich einmal um das Führungsziel (an der Spitze des Dreiecks), um die Führungskraft (an der linken Ecke des Dreiecks) und um den Mitarbeiter (an der rechten Ecke des Dreiecks). Ideale Verhältnisse haben wir zwischen diesen drei Faktoren, wenn

1. ein möglichst positives Verhältnis zwischen Verkäufer und Produkt besteht, d.h. wenn der Verkäufer sich voll und ganz mit seinem Angebot identifizieren kann und keinerlei persönliche oder sachliche Vorbehalte gegenüber diesem Produkt kennt. Dies bedeutet selbstverständlich, daß er über die Vorzüge und eventuellen Mängel seines Angebots genau informiert ist und daß er mit den übergeordneten Zielen, die mit dem Produkt in Verbindung stehen, übereinstimmt;

2. eine möglichst positive Beziehung zwischen dem Verkäufer und Kunden besteht, die auch von Seiten des Kunden gegenüber dem Verkäufer erwidert wird. Dies bedeutet, daß der Verkäufer die jeweiligen Interessen und Bedürfnisse des Kunden kennen muß, um sein Angebot jeweils darauf abzustimmen. Andererseits soll auch der Kunde eine möglichst positive Einstellung zur Persönlichkeit des Verkäufers entwickeln, um diese Beziehung als Mittel zum Zweck seiner positiven Beziehung zum Produkt benutzen zu können;

3. der Kunde eine möglichst positive Beziehung zum Angebot entwickelt und aus dieser Beziehung schließlich einen Kaufwunsch oder einen Kaufentschluß ableitet. Das letztere ist das Ziel der Verkaufsbemühungen des Verkäufers. Die Beziehung zwischen Verkäufer und Kunde ist Mittel zum Zweck der Errichtung einer direkten Beziehung des Kunden zum Produkt mit dem Endziel des Kaufentschlusses. Zwar könnte die Situation eintreten, daß der Kunde sich dem Verkäufer zuliebe dem Produkt zuwendet, doch wäre das eigentliche Ziel damit nicht ganz erreicht. Es kommt auf eine positive und dauerhafte Beziehung zwischen Kunde und Produkt direkt an, das auch unabhängig vom Verkäufer selbst weiterbesteht, wenn der Verkäufer aus irgendeinem Grunde aus dem Verkaufsfeld ausscheiden sollte.

Analog hierzu geht es bei der Überzeugungspsychologie im Felde der Führung darum, daß ebenfalls eine positive Beziehung zwischen der Führungskraft und dem Führungsziel besteht und dann zwischen der Führungskraft und dem Mitarbeiter. Nur wenn diese beiden Voraussetzungen gegeben sind, kann erwartet werden, daß das eigentliche überzeugungspsychologische Ziel auch erreicht wird, nämlich daß der Mitarbeiter von sich aus eine positive Beziehung zum Führungsziel einnimmt.

Für die Überzeugungspsychologie entstehen nunmehr folgende drei Problemkreise, die wir nacheinander betrachten werden:

1. Welches ist die optimale Beziehung zwischen Verkäufer und Kunde bzw. Führungskraft und Mitarbeiter im Hinblick auf das Ziel, den Kunden direkt mit dem Verkaufsprodukt in Verbindung zu bringen?

2. Welches sind die Stufen, die ein gelungenes Verkaufsgespräch durchlaufen muß, um den Verkauf optimal zu beeinflussen?

3. Wie kann der Verkäufer bzw. die Führungskraft sich selbst über die Routine der Verkaufsgesprächsstufen hinaus weiterentwickeln zu einem schöpferischen Verkäufer bzw. Führungskraft, der/die in jeder beliebigen Situation sein/ihr Ziel auf der Grundlage der Verkaufsgesprächsstufen, aber unter Verwendung verschiedener Variationen, erreichen wird?

2. Die optimale Beziehung zwischen Führungskraft und Mitarbeiter bzw. zwischen Verkäufer und Kunde

Um die optimale Beziehung zwischen Verkäufer und Kunde bzw. Führungskraft und Mitarbeiter psychologisch in den Griff zu bekommen, müssen wir zuerst fragen, von welchen Gegebenheiten diese Beziehung beeinflußt wird. Hierbei fällt zunächst die Persönlichkeit des Verkäufers bzw. der Führungskraft selbst ins Auge. Diese kann durch folgende zwei Gegebenheiten negativ beeinträchtigt werden:

Erstens kann die Persönlichkeit extrem labilisiert, geschwächt oder verunsichert werden, und zweitens kann sie so extrem erfolgsverwöhnt werden, daß sie in einem Maße stabil und selbstzufrieden wirkt, daß es dem persönlichen Engagement abträglich ist. Sowohl extreme Labilität als auch die extreme Stabilität sind also Zustände, die die Leistungsfähigkeit des Verkäufers bzw. der Führungskraft negativ beeinträchtigen.

Untersuchen wir zuerst die Enstehungsursachen der Labilität am Beispiel einer typischen Verkäuferlabilität. Die Analogie zur Führungskraft liegt dann ohne weiteres auf der Hand und braucht eigentlich nicht besonders herausgestellt zu werden! Labilitäten im Sinne von Persönlichkeitsverunsicherungen entstehen zunächst durch eine ungenügende Identifikation des Verkäufers mit seiner Aufgabe beziehungsweise mit seinem Angebot. Sobald der Verkäufer innere

Zweifel und Hemmungen gegenüber seinem Angebot hat, mit dem er sich vielleicht nicht ganz eins weiß oder an dessen Qualität er zweifelt, entsteht eine psychische Sperre gegenüber dem Verkäufer, die sich als innere Labilität auswirkt.

Dieselbe Wirkung entsteht aber auch, wenn der Verkäufer am Sinn seiner Tätigkeit überhaupt zu zweifeln beginnt oder wenn er zu sehr in einer bestimmten Routine erstarrt und keinerlei Herausforderung mehr in der Tätigkeit des Verkaufens erfährt. Diese Erscheinung beobachtet man sehr häufig, wenn der Bezirk oder die Artikelserie länger als etwa drei bis vier Jahre ohne jede Veränderung gleichbleibt. Man sollte ungefähr nach drei bis vier Jahren Veränderungen im Bezirk, in der Angebotsserie oder in der Verkaufstaktik vornehmen, um diese Quelle der Labilisierung zu verstopfen.

Eine weitere wichtige Möglichkeit der Labilisierung der Persönlichkeit des Verkäufers besteht darin, daß er seine inneren Konflikte nicht richtig bewältigt hat und sie vielleicht verdrängt. Solche Konflikte können zum Beispiel entstanden sein durch falsche Berufsentscheidungen von vornherein oder auch durch eine ungünstige Entscheidung im persönlichen familiären Bereich (Ehewahl etc.).

Selbstverständlich kann es sich auch um eine belastende Beziehung zwischen dem Verkäufer und seinem Vorgesetzten handeln oder überhaupt um ein negatives Betriebsklima, dessen Ursache nicht eigentlich erkannt, sondern verdrängt wird.

Alles was den Erwartungen zuwider läuft und weder toleriert noch von seinen Ursachen her beseitigt wird, kann zu solchen Konflikten führen, die sich in Form von Neurotisierungen auswirken. Arbeitspsychologisch gesehen entstehen auf diese Weise stets Leistungshemmungen, indem man sich meistens gegenüber anderen abzuschirmen und zu verteidigen versucht, auch wenn dies objektiv gesehen gar nicht nötig ist. Der labile Mensch fühlt sich meistens bedroht oder verfolgt oder geängstigt und versucht infolgedessen, sich zu schützen, indem er eine Fassade der Unnahbarkeit, der Reserve und der Strenge aufsetzt.

Die Verhaltensformen der autoritären und dominativen Einstellungen entstehen also als Tarnformen für eine psychische Labilität. Man kann sehr häufig oder sogar fast immer davon ausgehen, daß jemand, der mit extremer dominativer Strenge und mit Unnahbarkeit auftritt, dadurch in Wirklichkeit eine psychische Labilität und Schwäche zu verdecken sucht. Selbst wenn dies kein bleibender Charakterzug ist, sondern nur eine vorübergehende Erscheinung, gilt die Feststellung, daß bei vorübergehender psychischer Schwäche und Labilisierung eine Tendenz zum Rückzug von sozialen Kontakten entsteht.

Wer gerade einen Mißerfolg, eine Niederlage erlitten hat und diesen Mißerfolg nicht verarbeiten kann, ist eher geneigt, sich von weiteren Kontakten überhaupt zurückzuziehen oder sich mit einer Atmosphäre der Unnahbarkeit und Reserve zu umgeben, als unvoreingenommen auf den anderen Menschen zuzugehen. Man könnte sogar sagen, daß jede Form der vorübergehenden Introversion (Wendung nach Innen) auf eine solche psychische Labilität zurückzuführen ist, wenn es nicht überhaupt eine Charaktereigenschaft von vornherein darstellt. Da aber der Verkäufer wesentlich extravertiert leben sollte, d.h. möglichst intensive Kontakte und soziale Beziehungen aufbauen soll, kommt es bei ihm auf eine Überwindung der psychischen Labilität an. Er muß mit anderen Worten Niederlagen und Frustrationen entweder tolerieren oder vermeiden. In keinem Fall aber darf er sie verdrängen und dadurch zu psychischen Labilitäten und Schwächen kommen.

Das Festhalten an eigenen Auffassungen und die Unfähigkeit, auf die Meinungen und Neigungen anderer Menschen einzugehen, ist eng verknüpft mit der Einstellung der Domination. Extreme Zielstrebigkeit oder autoritäres Auftreten sind ebenfalls mit Domination verbunden. Die Domination ihrerseits ist wieder eine klare Folge von psychischer Labilität, weil sie sozusagen der Tarnmechanismus dieser psychischen Schwäche ist:

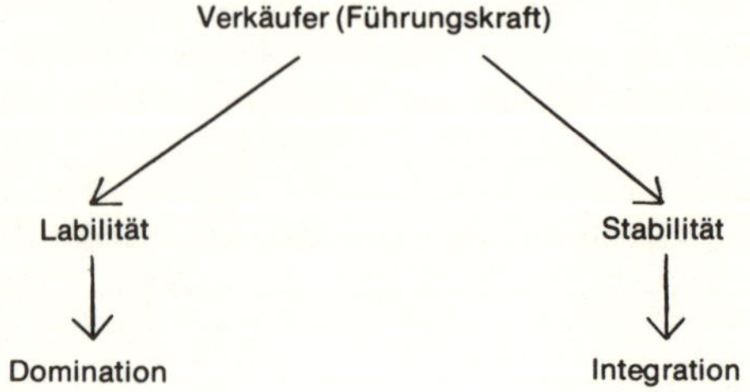

So wie die extreme Labilität mit Domination verbunden ist, führt die extreme Stabilität zur Integration, d.h. zu einer laisser-faire-Einstellung der völligen Selbstzufriedenheit, bei der es keine Zielstrebigkeit mehr geben kann. Der Selbstzufriedene ruht so fest in sich, daß er keine Herausforderung von außen erfährt, sondern sich insofern integrativ verhält, als er sich unter Preisgabe seiner ursprünglichen Ziele jeweils sofort den Gegebenheiten und Forderungen der Umwelt anpaßt.

Während der labile Verkäufer eher zur Zielrigorosität neigt und unter Mißachtung der Neigungen und Interessen seines Gesprächspartners jeweils seine eigenen Ziele durchzusetzen trachtet, würde sich der extrem stabile Verkäufer mit einer Laisser-faire-Einstellung jeweils an die Neigungen und Vorstellungen seines Gesprächspartners derart anpassen, daß er seine eigenen ursprünglichen Ziele gänzlich aus dem Auge verliert.

Im Extrem würde es bedeuten, daß der Verkäufer, der eigentlich etwas an den Kunden vermitteln wollte, schließlich vom Kunden einen Artikel übernimmt; d.h. die Verkaufssituation wird pervertiert, indem der Kunde zum Verkäufer und der Verkäufer zum Kunden wird.

Bei der Frage, wie eine solche extreme psychische Stabilität zustande kommt, stößt man sofort auf den Einfluß von Erfolgs- und Mißerfolgserlebnissen auf die Persönlichkeitsentwicklung. Wird ein Mensch über längere Zeit hinweg durch Erfolgserlebnisse derart verwöhnt, daß er keinerlei Herausforderung und Widerstand gegen seine Absichten und Neigungen mehr erfährt, so kommt es meistens sehr schnell zur psychischen Indifferenz und Gleichgültigkeit, die sich auch in einer gewissen Standpunktslosigkeit und damit in einer Bereitschaft äußert, ohne Schwierigkeiten und sofort auf die Vorstellungen und Neigungen des Gesprächspartners einzugehen. Weil kein eigenes Ziel im Bewußtsein vorhanden ist, fällt es um so leichter, auf die Ziele des Gesprächspartners einzugehen.

In der Psychologie nennt man diese Einstellung, die mit der extremen psychischen Stabilität verbunden ist, die extreme oder einseitige Integration. Sie zeigt sich in der Bereitschaft, so sehr auf die Ziele und Vorstellungen des Gesprächspartners einzugehen, daß eigene Ziele so gut wie gar nicht durchgesetzt werden. Sowohl dominatives als auch integratives Verhalten eines Verkäufers sind einseitige Einstellungen, die nicht zum optimalen Erfolg führen können. Dementsprechend ist auch weder die psychische Labilität noch die zur Selbstzufriedenheit führende Stabilität die wünschenswerte Voraussetzung für das Verkaufsverhalten. Es kommt vielmehr auf eine bestimmte Durchdringung beider Einstellungen an.

Um diese Mischung von dominativen und integrativen bzw. labilen und stabilen Verhaltensformen exakter bestimmen zu können, wenden wir uns nunmehr der Frage der Quantifizierung des Verhältnisses zwischen Verkäufer und Kunden bzw. Führungskraft und Mitarbeiter zu.

Ausgehend von der Zielvorstellung, daß der Kunde durch den Verkäufer so beeinflußt werden soll, daß er sich von sich aus dem Angebot zuwendet, können wir feststellen, daß es zunächst auf eine bestimmte Zielrigorosität (Domination) auf der Seite des Verkäufers ankommt; andererseits aber ist es notwendig, auch den Kunden mit seinen bestimmten Bedürfnissen und Neigungen nicht zu frustrieren, sondern sich darstellen zu lassen, damit keine unbewußten Kaufsperren entstehen können.

Letztere Bereitschaft des Verkäufers, auf die Neigungen und Vorstellungen des Kunden einzugehen, könnten wir auf der Seite der integrativen Verhaltensformen finden. Wenn infolgedessen sowohl dominative als auch integrative Verhaltensformen bei einer optimalen Beziehung zwischen Verkäufer und Kunde vorhanden sein müssen, kommt es darauf an, Domination und Integration ihrer Stärke nach und in ihrem Verhältnis zahlenmäßig ausdrücken zu können. Zu diesem Zweck unterteilt man zunächst die Domination in drei verschiedene Formen:

1. das d_c-Verhalten:

Darunter versteht man Domination mit einer Bereitschaft zu einem offenen Konflikt mit dem Gesprächspartner. Dieses dominative Verhalten ist die schärfste Form der Domination. Es zeigt sich bei ausgesprochen labilen Verkäufern, die so sehr auf ihrem einmal gefaßten Ziel verharren, daß sie eher bereit sind, einen offenen Konflikt mit dem Kunden einzugehen als von ihrem Ziel abzuweichen.

Eine typische Äußerung im Sinne des d_c-Verhaltens eines Verkäufers wäre etwa: »Wenn Sie mir nunmehr nicht zustimmen können, kann ich überhaupt nicht mehr mit Ihnen verhandeln!«, oder: »Entweder Sie kaufen jetzt, oder es ist Ihnen überhaupt nicht mehr zu helfen!« – Solche Äußerungen sind Dominationen mit dem Risiko eines offenen Konflikts beziehungsweise mit der Herausforderung zu einem offenen Konflikt. Sie werden mit drei Punkten bewertet; d.h. jede dominative Äußerung oder Verhaltensform wird mit drei Punkten auf der Seite der Domination notiert.

Im Prinzip sollte man sich vor der Äußerung von d_c-Verhaltensformen gänzlich hüten, weil man eine entsprechende Anzahl von integrativen Verhaltensformen benötigt, um die drei dominativen Punkte durch eine d_c-Verhaltensform wieder auszugleichen. Dennoch gibt es sehr viele Beispiele für außerordentlich erfolgreiche Verkäufer, die gelegentlich auch vor d_c-Verhaltensformen nicht zurückschrecken, diese aber durch ein wahres Trommelfeuer von integrativen Äußerungen gleichsam wieder wettmachen können. Wir werden nachher auf die ideale Durchdringung von dominativen und integrativen Verhaltensformen noch zu sprechen kommen.

Interessant ist aber noch zu beobachten, daß der Mensch um so mehr zu d_c-Verhaltensformen neigt, je labiler er sich empfindet. Ein durch Mißerfolge geschwächter und innerlich verunsicherter Mensch neigt wesentlich häufiger zu d_c-Verhaltensformen als ein Mensch, der sich seiner Erfolge gewiß ist. Nicht umsonst neigen unausgeglichene, cholerisch aufbrausende Menschen sehr häufig zu d_c-Verhaltensformen; sind sie doch selbst in höchstem Maße verunsichert und labilisiert. Leicht zu beobachten ist ferner, daß meistens ein Gesprächspartner, der mit einer d_c-Verhaltensform konfrontiert wird, seinerseits mit d_c-Verhaltensformen reagiert; d.h. wenn wir das Risiko des Umgangs mit einem Menschen unter offenen Konflikten nicht scheuen, werden wir in der Regel offene Konflikte ernten müssen; d.h. der Kunde wird unter Umständen aus der Verkaufsituation überhaupt ausbrechen. Es sei denn, wir können den Einfluß der d_c-Verhaltensform wieder balancieren auf andere Verhaltensformen, auf die wir noch zu sprechen kommen.

2. das d_n-Verhalten:

Hierunter versteht man eine dominative Einstellung oder Äußerung ohne (no) offenen Konflikt. Hierbei ist der Verkäufer zwar eindeutig dominativ, aber es kommt nicht zu einer Provokation eines Konflikts. Kaufsbezug ist streng subjektiv und eine typische d_n-Verkaufseinstellung wäre zum Beispiel: »Ich an Ihrer Stelle würde unter keinen Umständen zögern und das Produkt kaufen!«, oder: »Nach Abwägen aller Umstände bleibt meines Erachtens überhaupt keine andere Möglichkeit, als diesen Artikel zu akzeptieren!«

Der Gesprächspartner ist bei einer Konfrontation mit einer d_n-Verhaltensform meistens geneigt, wiederum per d_n zu reagieren. Es kommt also zwar nicht zum offenen Konflikt, aber es bleibt sozusagen im dominativen Bereich. Diese Form der Domination wird mit zwei Punkten gezählt. Jedesmal, wenn der Verkäufer d_n-Verhalten zeigt, bekommt er sozusagen zwei Punkte auf der Seite der Domination angerechnet.

3. das d_t-Verhalten:

Darunter versteht man eine rein dominative Einstellung mit einer Tendenz zur Integration. Diese dominative Verhaltensform ist die schwächste Form der Domination und zählt infolgedessen nur mit einem Punkt auf der Seite der Domination. Die Tendenz zur Integration offenbart sich meistens darin, daß in der Äußerung der d_t-Verhaltensform gleichsam ein Übergang zur Integration durchsichtig zu werden scheint. Typisch wäre etwa folgende Äußerung: »Würden Sie nicht vielleicht auch meinen, daß unter Berücksichtigung aller vorgetragenen Argumente dieses Angebot für Ihre Bedürfnisse genau richtig ist?«, oder: »Mir scheint in der Tat, daß der Hersteller genau auf Ihre Bedürfnisse Rücksicht genommen hat, als er diese Artikelserie konzipierte!«

Auf eine d_t-Verhaltensform reagiert der Gesprächspartner fast regelmäßig seinerseits ebenfalls mit einer d_t-Verhaltensform; d.h. er bleibt im Prinzip zwar dominativ, ist aber mit einer Tendenz zur Integration bereit, auf den anderen wenigstens hinzuhören.

Die integrativen Verhaltensformen lassen sich in zwei Gruppen unterteilen: die i_n-Verhaltensform und die i_t-Verhaltensform:

1. das i_n-Verhalten:
Unter einer i_n-Verhaltensform versteht man eine integrative Äußerung, die aber noch keine Bereitschaft zur Spontaneität zeigt; deswegen zählt die i_n-Verhaltensform auch nur einen Punkt auf der Seite der integrativen Äußerungen. Es handelt sich also sozusagen um die schwächste Form der Integration, die sich etwa in folgender Äußerung zeigen kann: »Haben Sie an dieser Stelle irgendwelche Einwände oder abweichende Vorstellungen?«, oder: »Darf ich jetzt fragen, welche Wünsche und Vorstellungen Sie im einzelnen haben?« Der Gesprächspartner reagiert auf eine i_n-Verhaltensform meistens auch per i_n-Reaktion; d.h. er wird integrativ antworten, aber erst dann, wenn der Raum dafür freigelassen wird.

2. das i_t-Verhalten:
Die schärfste Form der integrativen Einstellungen ist die i_t-Äußerung. Darunter versteht man eine integrative Äußerung mit der Möglichkeit freier spontaner Äußerungen zu jeder beliebigen Zeit; d.h. hier kann der Gesprächspartner den Verkäufer beliebig unterbrechen und spontan seine Bedenken, seine Wünsche, seine Neigungen, seine Absichten äußern. Der Verkäufer geht bei i_t-Verhalten stets auf diese Meinungen, Äußerungen und Wünsche seines Partners ein, läßt sich insofern also von seinem ursprünglichen Ziel abdrängen. Weil dies die schärfste Form der integrativen Einstellungen darstellt, zählt sie mit zwei Punkten auf der Seite der Integration.

Es ist leicht zu erkennen, daß ein Gespräch, das ganz auf der i_t-Basis verlaufen würde, zu einem reinen Laisser-faire-Unternehmen werden würde, in welchem der Gesprächspartner schließlich zu einem gänzlich anderen Zielverhalten hinführen würde, als es der Verkäufer ursprünglich beabsichtigt hat. Eine i_t-Verhaltensform ist deswegen ähnlich gefährlich wie eine d_c-Verhaltensform auf der anderen Seite: Man muß eine i_t-Verhaltensform oder -Äußerung wieder durch entsprechende dominative Impulse auszugleichen trachten, wenn das Verhältnis zwischen Verkäufer und Kunde optimal bleiben soll.

Fragen wir nun nach der richtigen Durchdringung von dominativen und integrativen Verhaltensformen in der Verkaufssituation, so kommen wir auf den Quotienten aus integrativen und dominativen Einstellungen, auf den IDQ.

$$\text{IDQ} = \frac{\text{Summe der integrativen Einstellungen}}{\text{Summe der dominativen Einstellungen}}$$

Soll der IDQ eine ideale Größe darstellen, so muß bei der Teilung der integrativen durch die dominativen Einstellungen die Zahl 1,9 herauskommen; d.h.

$$\text{IDQ}_{\text{opt}} = 1{,}9$$

Dies bedeutet, daß das ideale Verhältnis zwischen integrativen und dominativen Verhaltensformen im Verkauf leicht unterhalb der Zweiergrenze liegt; d.h. man muß nicht ganz doppelt so viel integrative wie dominative Einstellungen äußern, um zu erreichen, daß der Kunde mit sehr großer Wahrscheinlichkeit ebenfalls einen IDQ von 1,9 einsetzt und damit doppelt so häufig auf unsere Vorstellungen eingeht wie er an seinen eigenen Vorstellungen festhält.

Handelt es sich um einen besonders temperamentvollen Verkäufer, der sozusagen in den extremen Temperamentsskalen liegt, so äußert er gelegentlich d_c-Verhaltensformen und balanciert diese wieder durch ein Trommelfeuer von i_t-Einstellungen, so daß, wenn er erfolgreich ist, dennoch etwa 1,9 bei einer entsprechenden Division herauskommen würde.

Ein gemäßigt argumentierender Verkäufer dagegen bewegt sich in den ausgeglicheneren Temperamentsskalen und verwendet mehr die d_t-Verhaltensform und das i_n-Verhalten, das bei optimaler Einstellung wiederum das Verhältnis von 1,9 annähern wird.

Sobald aber der Quotient über 1,9 hinaussteigt, nähert sich die Verkaufssituation dem Laisser-faire an; sobald aber der Wert von 1,9 unterlaufen wird, nähert sich die Verkaufssituation dem dominativen Stil, so daß mit großer Wahrscheinlichkeit kein Verkauf gelingt.

Dieselbe Optimalgröße von IDQ = 1,9 gilt nun auch für den Führungszusammenhang. Auch hier muß die Führungskraft gleichsam rund doppelt so oft integrativ als dominativ reagieren, um zu erreichen, daß der Mitarbeiter von sich aus das übernimmt, was er übernehmen soll. Die Dominationen zeigen sich hier hauptsächlich in einer radikalen und auf den Mitarbeiter nicht eingehenden Zielorientierung und die Integrationen zeigen sich in einem Eingehen auf die Grundmotivation des Mitarbeiters, von der wir oben schon gesprochen haben. Interessant ist nun für die Führungskraft vor allem das D_t-Verhalten, denn hierbei soll zwar das Ziel vertreten werden, aber doch so, daß es die jeweilige Grundmotivation des Mitarbeiters berücksichtigt. Eine sehr gute Übung für dieses D_t-Verhalten besteht z.B. darin, daß man verschiedene in der Praxis der Führung vorkommende Ziele verschieden formulieren lernt, je nach der diagnostizierten Grundmotivation. Man kann etwa nach folgendem Schema dabei verfahren:

D_t-Zielformulierung (Führung)

Motivation / Ziel	SA (1)	SG (2)	V (3)	S (4)	UV (5)
Versetzung					
Kritik					
Abwendung einer Forderung					
etc.					

Bei Versetzung und Motivation Nr. 1 bietet sich etwa an, die neue Tätigkeit unter dem Aspekt des Prestigegewinns einzuführen, wobei selbstverständlich das Gebot der Wahrhaftigkeit nicht verletzt werden darf. Entsprechend verfährt man bei den anderen Motivationslagen.

Analog könnte man eine Übung zur Verkaufspsychologie aufbauen, indem man einzelne Angebotssituationen auf die fünf verschiedenen Motivationslagen bezieht und so fünf verschiedene, motivationsbezogene Angebote im Sinne von D_t-Zielen formuliert:

D_t-Formulierungen (Angebotsziele) aus der Verkaufspsychologie

Ziel (Angebot) \ Motivation	1. SA	2. SG	3. V	4. S	5. UV
Dienstleistung					
Investition					
Konsumartikel					
Versicherung					
Kapitalanlage					
etc.					

Komplizierter wird nun der IDQ-Sachverhalt durch seine verschiedenen Abhängigkeiten! Ein und derselbe Verkäufer und ein und derselbe Vorgesetzte können z.B. vormittags einen anderen IDQ zeigen als nachmittags, auch wenn andere Verhältnisse gleich wären. Man verhält sich IDQ-mäßig meistens auch anders, je nach dem, ob es sich bei den Gesprächspartnern um Damen oder Herren handelt, um große oder kleine Gruppen etc. Auf diese Abhängigkeiten des IDQ von verschiedenen Umständen und Zuständen wollen wir nun kurz eingehen:

Es liegt auf der Hand, daß der IDQ des Verkäufers zunächst von seinem Temperament abhängig ist. Wie schon erwähnt, neigen temperamentvolle Menschen mehr zur Äußerung extremer Verhaltensformen, die sich aber bei entsprechender Schulung dennoch auf einen IDQ von 1,9 einpendeln können. Ohne Einfluß einer gezielten Schulung dagegen würde ein solcher Mensch mehr zu einem niedrigen IDQ neigen als zu einem zu hohen IDQ.

Aber auch bei gleicher Temperamentsanlage werden sich die Menschen in Bezug auf ihren IDQ durch ihre Intelligenzhöhe voneinander unterscheiden. Hierzu gilt folgende Feststellung: Je höher der

Intelligenzquotient (IQ), desto stärker die Annäherung des IDQ an den Grenzwert 1,9 und umgekehrt: Je niedriger der Intelligenzquotient, desto größer die Abweichung des IDQ nach unten, d.h. desto dominativer wird die Verkaufs- und Führungsbeziehung sein.

Von dieser Feststellung gibt es lediglich eine Ausnahme, und das sind die extrem hohen Intelligenzen (IQ über 135). In diesen Fällen der extrem hohen Intelligenzen beobachtet man sehr häufig ein Absinken des IDQ auf Werte unter 1,9 ähnlich wie bei relativ niedriger Intelligenz. Dies dürfte damit zusammenhängen, daß sowohl Menschen mit niedriger als auch solche mit extrem hoher Intelligenz bereits während der Kindheit sehr viele Mißerfolge und Enttäuschungen erfahren müssen, also in ihrem Persönlichkeitsstil eher labilisiert sein werden und dadurch einen Hang zu dominativen Äußerungen haben werden, was sich in einer Schwächung des IDQ auswirken muß.

Ein Mensch mit niedriger Intelligenz erlebt beispielsweise sehr häufig, daß andere Menschen schneller und treffsicherer zum Ziel kommen als er. Jedesmal, wenn ein anderer Überlegenheitsgefühle hat, erfährt er Unterlegenheitsgefühle und reagiert darauf mit einer gesteigerten Dominationstendenz. Ähnlich wird aber auch ein extrem hochintelligenter Mensch reagieren, wenn er infolge seiner allgemein intellektuellen Beschleunigung immer sehr viel früher zum Ziel kommt als andere und sich deswegen künstlich bremsen muß, um sich nicht den Widerwillen oder gar den Haß der Mitschüler in der Schule und auch später im Beruf der Mitkollegen auf sich zu ziehen.

Selbstverständlich muß das nicht unbedingt so bleiben; vielmehr könnte man durch eine sinnvolle Veränderung der Schulsituation (Einteilung der Schulkinder nach Intelligenz beziehungsweise Leistungsgruppen statt nach Jahresgruppen) diese Quelle für niedrige IDQ-Einstellungen sehr wirksam verstopfen.

Vielleicht sollte in diesem Zusammenhang kurz erwähnt werden, wie man das Intelligenzniveau eines Menschen (den IQ) feststellt:
Im Unterschied zum IDQ bezieht sich der IQ auf die Beziehung zwischen Intelligenzalter und Lebensalter nach der Formel

$$IQ = \frac{Ia}{La} \times 100$$

wobei »Ia« Intelligenzalter und »La« Lebensalter bedeutet. Das Lebensalter stellt man anhand des Geburtstages fest und das Intelligenzalter durch einen standardisierten psychologischen Intelligenztest. Wenn beide Werte identisch sind, wenn zum Beispiel jemand dreißig Jahre alt ist und auch ein Intelligenzalter von dreißig hat, entsteht der Bruch 30 : 30 = 1 × 100 = 100. Dieser Wert wäre ein absoluter Durchschnittswert bezüglich des IQ; d.h. die meisten Menschen haben in der Tat einen Intelligenzquotienten von ca. 100. Was über 100 geht, ist entsprechend über dem Durchschnitt, und was unter 100 liegt, ist entsprechend unterdurchschnittlich bezüglich der Intelligenz. Man kann dies nach der Gaußschen Normalverteilungskurve etwa folgendermaßen darstellen:

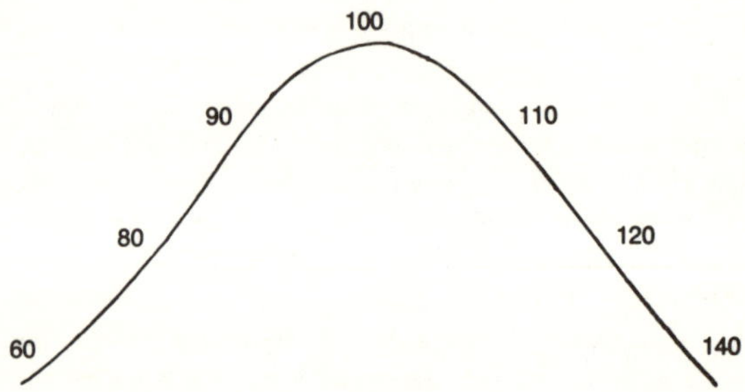

Es gibt also ebensoviele mittlere und untere Intelligenzen wie höhere und hohe Intelligenzen. In Bezug auf den Verkäufer ist übrigens eine extrem hohe Intelligenz offenbar ähnlich gefährlich wie eine extrem niedrige Intelligenz, wiewohl selbstverständlich beide Intelligenzformen den Erfolg im Verkauf nicht unbedingt ausschließen.

Die Gefahr der beiden Extremwerte liegt darin, daß in diesen beiden Fällen der IDQ, auf den es offenbar beim Verkaufsverhalten entscheidend ankommt, gefährdet ist; denn je niedriger und je mehr die Intelligenz an einen extrem hohen Wert annähert, desto größer die Abweichung des IDQ nach unten von dem Optimalwert 1,9.

Durchschnittliche bis leicht überdurchschnittliche Intelligenzen scheinen für den Verkauf die besten Voraussetzungen mitzubringen, d.h. die größte Annäherung des IDQ an 1,9 zu haben. Andererseits ist jedoch einzusehen, daß bei extrem hoher Intelligenz der Wert und die Bedeutung des IDQ relativ rasch gelernt werden können, so daß auch in diesem Fall dennoch eine gute Annäherung an den Grenzwert 1,9 zustande kommen kann.

Diese Aussagen sind wichtig sowohl für die Auswahl von geeigneten Nachwuchsverkäufern als auch für die Schulung des Verkaufspersonals selbst und für die Eigenschulung des Verkäufers.

Auch das Lebensalter des Menschen hat einen bedeutsamen Einfluß auf den IDQ. Insbesondere in denjenigen Lebensabschnitten, in denen der Mensch labilisiert wird, beobachtet man fast regelmäßig einen sinkenden IDQ, d.h. eine mangelnde Bereitschaft des Menschen zum toleranten und dennoch zielstrebigen Umgang mit Mitmenschen. Diese Labilisierungsphasen beobachtet man hauptsächlich in der Pubertätszeit (zwischen 12 und etwa 20 Jahren), also hauptsächlich bei Jungverkäufern, sowie bei Menschen mit Umstellungsschwierigkeiten im beginnenden Alter (zwischen 45 und 55 Jahren) und endlich vor dem Ausscheiden aus dem aktiven Berufsleben (um 65 Jahre). Die beste Zeit für den Verkaufserfolg ist auch die Zeit des höchsten IDQ (mit dem Grenzwert 1,9), d.h. zwischen etwa 25 und 45 Jahren. Das schließt jedoch nicht aus, daß auch jüngere bzw. ältere Menschen einen IDQ von 1,9 ganz bewußt üben und entwickeln können, indem die Labilisierungsumstände bewältigt werden und eine mehr integrative Einstellung aufgebaut wird.

Es muß jedoch auch beachtet werden, daß der Gesprächspartner möglicherweise durch sein Lebensalter einen niedrigen IDQ hat. Dies wird dann der Fall sein, wenn zum Beispiel ein Mensch mit Altersschwierigkeiten als Gesprächspartner und potentieller Kunde auftritt. In diesem Falle gilt es, trotz des vielleicht niedrigen IDQ des Gesprächspartners konstant bei einem IDQ von 1,9 zu bleiben. Auf diese Weise übt man gleichsam einen Zwang auf den Gesprächspartner aus, schließlich ebenfalls auf 1,9 einzuschwenken.

Man kann übrigens seinen IDQ auch außerhalb der Verkaufstätigkeit schulen, indem man zum Beispiel mit seinem Ehepartner oder mit einem Freund relativ unabhängig von dessen Ausgangs-IDQ einen IDQ von 1,9 übt und jeweils beobachtet, welche meist positiven Reaktionen daraufhin erfolgen. Nach einer zu tolerierenden

Anlaufzeit wird man fast stets beobachten, daß der Partner ebenfalls auf einen IDQ von 1,9 geht und dadurch eine quasi ideale Partnerschaft entsteht.

Das Geschlecht ist eine weitere Variable, die den IDQ beeinflußt. Im allgemeinen haben Männer unter sich einen wesentlich höheren IDQ als Frauen unter sich.

Dies gilt bereits für Kinder im Kindergartenalter: kleine Mädchen haben einen wesentlich niedrigeren IDQ und zeigen sich sehr viel aggressiver als kleine Jungen. Dies hängt indessen nicht mit dem Geschlechtshormon zusammen, sondern ist im wesentlichen von äußeren Umständen her aufgebaut. Werden nämlich kleine Mädchen ähnlich erzogen wie bei uns die Knaben, so fällt der Unterschied zwischen dem IDQ der Mädchen und Jungen bald weg. Dies beobachtet man zum Beispiel bei der Kibbuz-Erziehung in Israel, wo im Unterschied zu Untersuchungen bei uns der IDQ bei Knaben und Mädchen fast gleich geworden ist.

Hieraus darf geschlossen werden, daß der etwas niedrigere IDQ der Damen im wesentlichen durch Kindheitsfrustrationen ausgelöst ist, die eine Verunsicherung durch die Geschlechtsrolle mit sich gebracht haben: kleine Mädchen dürfen einfach weniger als kleine Jungen. Mädchen dürfen z.B. nicht auf Bäume klettern, dürfen sich nicht verprügeln und dürfen sich auch nicht schmutzig machen, während dies bei Jungen ohne weiteres toleriert wird. Dadurch entstehen beim Jungen eine größere Gelassenheit und Ausgeglichenheit und bei Mädchen eine stärkere Frustration der Persönlichkeit, was wiederum zur Domination bei Mädchen und zur Integration bei Jungen hinführt.

Die besten Voraussetzungen von der geschlechtsspezifischen Zusammensetzung einer Gesprächsgruppe haben wir also bei gemischtgeschlechtlicher Situation; d.h. wenn ein Verkäufer bei einer Kundin und umgekehrt eine Verkäuferin bei einem Kunden vorspricht. Selbstverständlich gibt es wichtige Ausnahmen von dieser Grundregel, z.B. die Beachtung der Assoziation mehr technischer Verkaufsgüter mit männlichen Sachverständigen und die Assoziation von kosmetischen oder nahrungsmittelgebundenen Verkaufsprodukten mit weiblichen Experten. Immerhin sollte man, wenn immer es das Produkt nicht verbietet, versuchen, eine gemischtgeschlechtliche Verkaufssituation herbeizuführen, um den IDQ von hierher auf eine Ideale von 1,9 zu heben.

Eine gemischtgeschlechtliche Situation bedeutet übrigens nicht immer eine exakt gleichmäßige Verteilung von männlichen und weiblichen Gesprächspartnern, sondern wir haben dies auch dann, wenn nur ein Vertreter des jeweils anderen Geschlechts mit bei der Gesprächsgruppe ist. Selbst wenn es sich um ein reines Männerkollegium handelt, wirkt bereits eine einzige Dame außerordentlich aktivierend und belebend auf die Gruppe, so daß von hierher bessere Voraussetzungen für das Einspielen auf 1,9 im IDQ gegeben sind. Andererseits sollte man bei reinen Damengruppen stets versuchen, zumindest eine männliche Kraft z.B. in eine Aufsichtsposition oder ähnliches einzuführen, um den IDQ vor einem Absturz in die Domination zu bewahren.

Auch die Größe einer Verkaufsgruppe hat einen bedeutsamen Einfluß auf den IDQ der Gesprächspartner. Von der Gruppengröße her gesehen ist selbstverständlich die 1 zu 1 partnerschaftliche Beziehung ideal, doch kann es sich gelegentlich auch um ein Angebot in einer Gruppe von potentiellen Kunden handeln, und es entsteht hier die Frage nach der optimalen Größe und Zusammensetzung dieser Gruppe. Bezüglich der geschlechtsspezifischen Zusammensetzung haben wir schon erwähnt, daß es sich nach Möglichkeit um eine gemischtgeschlechtliche Situation handeln soll. Die Größe dieser Gruppe jedoch sollte 24 in keinem Fall überschreiten. Besser ist eine geringere Anzahl von Teilnehmern, weil jenseits der Zahl 24 fast stets der IDQ unter 1,9 abzurutschen droht, weil zu große Verunsicherungen für den Gesprächsführer entstehen. Selbstverständlich ist die Größe der Gruppe auch abhängig von der Art des Angebots, und manche Artikel und Anlagen wird man immer noch am besten im Einzel- oder Dreiergespräch diskutieren.

Schließlich hat die Tageszeit einen interessanten Einfluß auf den IDQ, wenn andere Faktoren konstant bleiben. Wir können nämlich feststellen, daß der IDQ des Menschen im Durchschnitt durchaus von der Ermüdungskurve des Menschen beeinflußt wird; mit steigender Ermüdung sinkt der IDQ und mit abnehmender Ermüdung nähert sich der IDQ an 1,9 an. Seltener jedoch gibt es auch eine übersteigende 1,9-IDQ-Grenze mit zunehmender Übermüdung. In jedem

Fall ist die beste Voraussetzung für einen 1,9-IDQ die Zeit, in der die Ermüdung am geringsten ist. Dies ist im allgemeinen morgens zwischen 9 und 11 Uhr der Fall, und – in geringerem Ausmaße – nachmittags zwischen 15 und 16 Uhr. Genauer zusammengestellt ergibt sich folgende Bewegung:

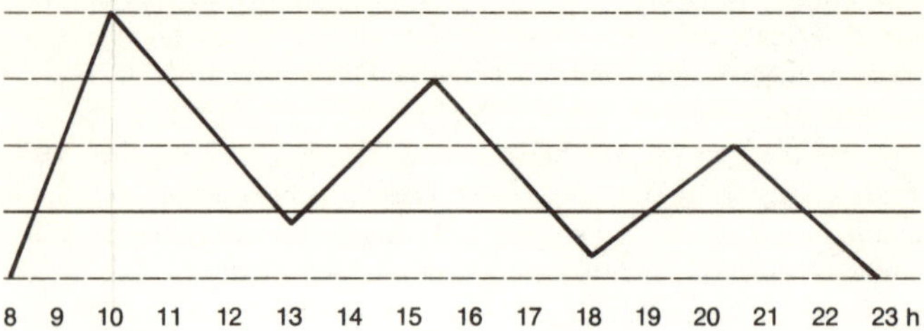

Wir sehen also, daß wichtige Verkaufssituationen nach Möglichkeit zwischen 9 und 11 Uhr abgewickelt werden sollten und ersatzweise zwischen 15 und 16 Uhr. Sehr früh morgens benötigt der Mensch im allgemeinen eine gewisse Anlaufszeit, in der der IDQ die 1,9-Optimalgrenze noch nicht erreichen kann, und nach 11 Uhr nimmt die Ermüdung bereits so zu, daß ein Absinken des IDQ unter 1,9 beziehungsweise ein Überschreiten dieser Optimalgrenze beobachtet werden kann.

Unter der Voraussetzung, daß eine erholsame Mittagspause stattgefunden hat, kann der IDQ zwischen 15 und 16 Uhr einen neuen, wenn auch nicht so ausgeprägt großen Höhepunkt erreichen. Anschließend sinkt allerdings der IDQ rapide ab bzw. steigt über 1,9 hinaus. Nach einem erholsamen Abendessen kann der IDQ zu einem dritten, allerdings noch weniger ausgeprägten Höhepunkt zwischen 20 und 21 Uhr ansteigen, doch ist dieser Gipfel fast nicht mehr mit dem zweiten oder gar mit dem ersten Höhepunkt des IDQ vergleichbar.

Interessant ist, daß gerade während dieser Zeit das »Familienleben« der meisten Menschen stattfindet; d.h. hier findet die partnerschaftliche Beziehung in der Familie statt und leidet mehr oder weniger darunter, daß die Partner in dieser vorgerückten Stunde nur noch einen mäßigen IDQ auszubilden bereit sind. Am Wochenende und an freien Tagen selbstverständlich läßt sich dies wieder mehr oder weniger korrigieren. Es muß jedoch hier betont werden, daß der Einfluß der Tageszeit kein Diktat darstellt, sondern daß man bei entsprechender Übung des IDQ ohne weiteres auch über diese Einflüsse siegen kann.

Einen gewissen Einfluß übt auch der Wochenrhythmus auf den IDQ aus, obgleich diese Angaben noch stärker subjektiv zu sein scheinen als die Einflüsse der Tageszeit. Im allgemeinen jedoch erscheinen der Dienstag und der Donnerstag als vom IDQ her beste Voraussetzung für den Verkaufserfolg; während der Montag und der Mittwoch und insbesondere der Freitagnachmittag weniger geeignet zu sein scheinen. Man darf abermals annehmen, daß dies mit der Schwankung in der Ermüdung des Verkäufers und des Kunden zusammenhängt, die ja am Montag in der Regel vom Wochenende her relativ groß ist, während sie am Dienstag am niedrigsten erscheint, am Mittwoch wieder ansteigt und am Donnerstag erneut zu einem zweiten, nicht ganz so großen Optimum sich entfaltet wie am Dienstag, und am Freitag schließlich stark abfällt, um sich erst am Wochenende wieder zu erholen. Die absolut beste Verkaufszeit von diesen Erwägungen her wäre also an einem Dienstag zwischen 9 und 11 Uhr.

3. Die Stufen des Überzeugungsgesprächs in Führung und Verkauf

Fragen wir nun nach den einzelnen Stufen oder Stadien für den Ablauf eines erfolgreichen Verkaufsgesprächs, so kommen wir auf folgende fünf Stufen:

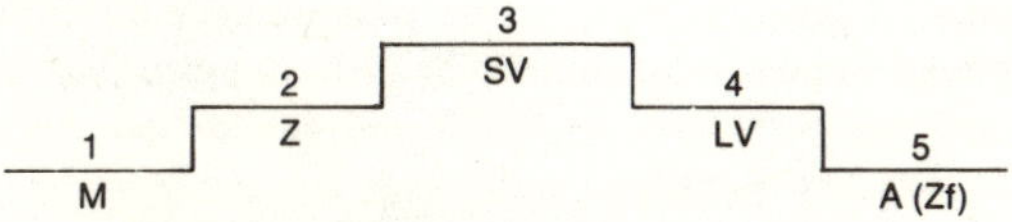

1. Stufe: Motivation — M
2. Stufe: Zielformulierung — Z
3. Stufe: Spontanverarbeitung — SV
4. Stufe: Logische Verarbeitung — LV
5. Stufe: Abschluß des Verkaufsgesprächs (Zusammenfassung) — A (Zf)

Die erste Stufe des Verkaufsgesprächs befaßt sich mit der Motivierung des Kunden. Dies bedeutet, daß wir auf der ersten Stufe eine Motivierung des Kunden in Richtung auf unser Angebot erreichen sollen, wobei wir am zweckmäßigsten zunächst eine Selbstdarstellung des Kunden in Bezug auf seine Bedürfnisse und Erwartungen ermöglichen sollen. Hierbei soll der Kunde durch unsere gezielte Fragestellung seine Erwartungen und Bedürfnisse kundtun, so daß wir einen Einblick in seine Bedürfnispyramide bzw. wenigstens in sein Bedürfnis Nr. 1 erhalten und unser Angebot entsprechend vorstellen können.

Was immer der Kunde auf dieser ersten Stufe äußert – er soll von uns stets eine Bestätigung erhalten, damit ein positives, von Erfolgserlebnissen getragenes und damit verkaufsförderndes »Klima« entsteht. Anknüpfend an die Selbstdarstellung des Kunden können wir dann das jeweilige Angebot so allgemein schildern, daß es an die Bedürfnissituation des Kunden anknüpft, d.h. eine Befriedigungsmöglichkeit für das jeweilige Bedürfnis Nr. 1 darstellt.

Um dies treffsicher vornehmen zu können, muß der Verkäufer gute Warenkenntnisse haben und auch auf eine bestimmte Zielgruppe eingestellt sein, deren ungefähre Bedürfnisstruktur er von vornherein kennt. Handelt es sich um den Besuch derselben Kunden im häufigeren Turnus, so empfiehlt es sich, auf einer Kundenkarteikarte die jeweilige Bedürfnissituation des Kunden kurz zu notieren, so daß der Verkäufer nicht jedesmal erneut auf eine Selbstdarstellung des Kunden drängen muß. Zu beachten ist jedoch dabei, daß die Bedürfnisse des Menschen immer wieder wechseln und nicht über längere Zeit konstant bleiben.

In einem weiteren Sinne kann man Motivation auch mit Interessen gleichsetzen, so daß es sich auf der ersten Stufe um ein Herausfinden der stärksten Interessen des Kunden handelt und gleichzeitig um ein Präsentieren des Angebots als ein Mittel zur Befriedigung dieser Interessen. Der Verkäufer muß in der Lage sein, auf jedes der genannten fünf Grundbedürfnisse ein passendes Angebot für seine Artikel oder Dienstleistungen zu formulieren. Dies muß entsprechend geübt werden, indem man systematisch ein und dasselbe Angebot auf das Bedürfnis 1 bis 5 abstimmt und entsprechend formuliert.

Zeitlich gesehen, darf diese erste Stufe des Verkaufsgesprächs bis zu fünf oder sechs Minuten in Anspruch nehmen. Sie kann jedoch auch sehr kurz sein, wenn sich herausstellt, daß die Motivation bereits eingetreten ist und das Interesse des Kunden bereits auf das bereitgehaltene Angebot des Verkäufers zugeschnitten ist, weil der Verkäufer mit seinem Angebot bereits identifiziert wird.

Letzteres wird meistens der Fall sein, wenn es sich um ein und denselben Verkäufer handelt, der des öfteren zu ein und demselben Kunden kommt. Man soll infolgedessen aus der Aufforderung zur Motivation niemals ein Dogma machen wollen, sondern unter Umständen sogar auf diese erste Stufe verzichten, wenn ihr eigentlicher Gegenstand, nämlich die Weckung oder Ausrichtung von Interessen und Motivationen des Kunden, nicht mehr nötig ist.

Ähnliches gilt auch für die erste Stufe des Überzeugungsgesprächs in der Führung. Auch hier muß von der Führungskraft auf dieser ersten Stufe zuerst ermittelt werden, welche Grundmotivationen der Mitarbeiter an der ersten Stelle seiner »Pyramide« z.Zt. hat. Das Motivationsraster, das wir oben schon dargestellt haben, ist hierbei eine besonders gute und nützliche Diagnose-Hilfe für die Führungskraft.

Es liegt auf der Hand, daß sowohl der Verkäufer als auch die Führungskraft während der ersten Stufe des Überzeugungsgesprächs möglichst *integrativ* verfahren soll, um gerade auf der ersten Stufe sozusagen ein tragfähiges »Überzeugungspolster« zu schaffen. Muß man doch insgesamt auf nahezu doppelt so viele Integrationen als Dominationen kommen – und wo wäre es leichter, zu Integrationen zu kommen, als gerade auf dieser ersten Stufe, die ja mit dem Führungsanliegen selbst meistens noch nicht direkt zusammenhängt und mit dem Verkauf ebenfalls noch nicht direkt verknüpft ist!

Auf der zweiten Stufe handelt es sich um eine Präsentation des Angebots im Sinne einer Definition. Definition bedeutet hierbei eine exakte Beschreibung des Angebots mit einer ersten Abgrenzung von ähnlichen Angeboten. Das Angebot muß auf dieser Stufe mit seinem vollen Namen oder seiner Bezeichnung erwähnt werden. Auf der ersten Stufe war das Angebot noch als »ungefähres Angebot« beschrieben worden, auf der zweiten Stufe dagegen muß es mit einem präzisen Ausdruck versehen werden. Das Angebot »Auto« oder »Möbel« wäre für die erste Stufe tragbar, doch in der zweiten Stufe muß es sich um das »Sportwagenmodell XY« oder um die »Lederpolstergarnitur Monika« handeln.

Auf dieser zweiten Stufe soll das Angebot so exakt beschrieben und definiert werden, daß der Kunde in diesem Angebot eine Lösung seines Problems bzw. eine Befriedigung seiner Bedürfnisse erkennen kann. Das betreffende Angebot soll gleichsam als spezielle Befriedigungshilfe für unseren Kunden erscheinen.

Die Notwendigkeit dieser zweiten Stufe hängt damit zusammen, daß der Mensch Probleme immer nur dann zu lösen vermag, wenn er sie vorher exakt zu formulieren weiß. Die Verbalisierung eines Problems oder einer Frage enthält infolgedessen meistens auch schon den Ansatz einer Antwort bzw. einer Problemlösung. Dies gilt sowohl für den Lernprozeß als auch für den Verkaufsvorgang.

Selbst in der Psychotherapie spielt die exakte Definierung der zu therapierenden Krankheit eine sehr große Rolle: der Patient muß jederzeit wissen, um welche Krankheit es sich bei seinem Leiden handelt und welche Therapie der Arzt vorgesehen hat. Je präziser man dabei das Leiden beschreiben kann, desto besser ist es für die anschließende aktive Mithilfe bei der Therapie durch den Patienten.

Selbst bei volkstümlichen Darstellungen von psychologischen Problemen, wie sie etwa in den Kindermärchen erfolgt ist, wird auf die zweite Stufe der Definierung des Problems großer Wert gelegt. Man denke zum Beispiel an das Märchen vom Rumpelstilzchen, wo die Königin erst dann aus ihrem Versprechen, ihr Kind abzugeben, entlassen wird, wenn sie den Namen des bösen Geistes errät. Mit dem Namen des Geistes aber ist das Problem gleichsam definiert, abgegrenzt, faßbar gemacht. Bekanntlich erfährt die Königin durch einen Spaziergang im Wald per Zufall den Namen von Rumpelstilzchen, sagt ihm am nächsten Tag diesen Namen, worauf sich der böse Geist auflöst und die Königin ihr Kind behalten darf.

Der Verkäufer muß also auf der zweiten Stufe, nachdem er den Kunden allgemein für das Angebot motiviert hat und an seine Interessenlage angeknüpft hat, das Angebot mit einem bestimmten Begriff versehen, es klar umreißen und so ein auf die Interessenlage des betreffenden Kunden zugeschnittenes Spezialangebot formulieren. Hierbei soll die Diskussion mit dem Kunden vorübergehend in den Hintergrund treten: auf der zweiten Stufe ist der Verkäufer aktiv und der Kunde verhält sich mehr passiv, während er auf der ersten Stufe durchaus aktiv war und der Verkäufer durch seine Passivität die Interessen- und Bedürfnislage des Kunden erforscht hat. Rein zeitlich kann die zweite Stufe sehr kurz sein; man kann meistens bereits in einer Minute eine klare Definition des Angebots unterbreiten, und manchmal genügt sogar ein einziges Stichwort, um das Angebot beim Namen zu nennen.

Auf der zweiten Stufe des Überzeugungsgesprächs soll sich also der Verkäufer, wie auch die Führungskraft zwar *dominativ* verhalten, aber doch nach Möglichkeit im Stile des d_t-Verhaltens, das wir oben schon geübt haben. Es soll sich um eine Zielformulierung bzw. um eine Angebotsunterbreitung handeln, die möglichst auf das vorher diagnostizierte Grundmotiv abgestimmt ist und dadurch seinen D_t-Charakter bezieht.

Auf der dritten Stufe, die besonders wichtig ist, weil sie sehr häufig übersehen wird, handelt es sich darum, daß der Kunde spontane Stellungnahmen zum definierten und motivierten Angebot kundtut.

Während in älteren verkaufspsychologischen Untersuchungen des öfteren erwähnt wird, daß jedes Vorbringen von Gegenargumenten gegen ein bestimmtes Angebot von vornherein zu vermeiden wäre oder zu übergehen sei, beweisen neuere Untersuchungen zur Verkaufspsychologie wie auch zur Lernpsychologie, daß gerade durch das Aussprechen und Bewußtmachen von vorhandenen Gegenargumenten auf der dritten Stufe das Entstehen von möglichen Kaufsperren wirksam verhindert werden kann. Man kann nämlich davon ausgehen, daß jeder Kunde, wenn er auch noch so sehr für ein bestimmtes Angebot motiviert worden ist und wenn ihm auch das Angebot sehr präzise definiert wurde, zunächst einmal mit einer Reihe von nicht präzisen und auch nicht unbedingt logisch durchdachten Gegenargumenten oder Einwänden reagieren wird.

Es gibt praktisch kein Angebot, gegen das man nicht irgend etwas einwenden könnte. Aber es gibt auch keinen Einwand, den man nicht entkräften könnte. Wenn aber ein Einwand erst gar nicht geäußert worden ist, bleibt er sozusagen im Unbewußten des Kunden stecken und bewirkt anschließend meistens eine schwer zu überwindende Kaufsperre; d.h. der Kunde erbittet sich wahrscheinlich eine Bedenkzeit, während welcher er von der Kaufabsicht gänzlich zurücktritt, ohne einen präzisen Grund dafür nennen zu können. Um das zu verhindern, gibt man dem Kunden Gelegenheit, auf der dritten Stufe unter allen Umständen seine spontanen Einwände zu formulieren, um sie anschließend Schritt für Schritt entkräften zu können.

Wenn der Kunde jedoch aus eigener Initiative keine Einwände bringt, empfiehlt es sich, dennoch die dritte Stufe zu durchlaufen und diese Einwände selbst zu formulieren, indem man etwa sagt: »Manche Leute, die mit diesem Angebot nicht so sehr vertraut sind, wenden an dieser Stelle ein . . .«; anschließend muß jedoch dieser Einwand sofort logisch entkräftet werden. Auf diesem Wege erreicht man eine Identifikation des Kunden mit diesem Einwand und auch mit dem Gegenargument des Verkäufers. Besser ist es selbstverständlich, wenn der Kunde selbst seine Einwendungen formulieren darf, wenn also der Verkäufer durchaus zuhört und der Kritik des Kunden, sei sie auch noch so unkundig formuliert, lauscht. Dies bedeutet, daß der Verkäufer auf der dritten Stufe wieder mehr passiv ist und die Aktivität auf der Seite des Kunden läßt.

Auf der dritten Stufe des Überzeugungsgesprächs ist also der Verkäufer wie auch die Führungskraft vorwiegend integrativ, denn man geht durchaus und indirekt auf alles ein, was der Gesprächspartner hier an Einwänden und Bedenken vorbringt. Es wird hier doch nichts widerlegt oder getadelt, sondern nur zur Kenntnis genommen – dies ist eine typisch integrative Art zu reagieren. Nur auf Grund dieser integrativen Einstellung kommt der Gesprächspartner in die Lage, seine immer vorhandenen Zweifel und Bedenken überhaupt zu formulieren, so daß sie anschließend entkräftet werden können. Was aber nicht formuliert wurde, würde sich anschließend als unbewußte Sperre negativ bemerkbar machen. Notfalls muß man also auf eine integrative Art solche Einwände und Zweifel auf der dritten Stufe selbst provozieren.

So geht die dritte Stufe, die zeitlich auch fünf bis sieben Minuten in Anspruch nehmen darf, unversehens in die vierte Stufe über, wo diese Einwendungen logisch durch den Verkäufer entkräftet werden. Manchmal kann auch der Gesprächsfluß von Stufe drei nach Stufe vier und wieder zurück von Stufe vier nach Stufe drei fließen: die vierte Stufe des Verkaufsgesprächs befaßt sich nun mit der logischen Begründung des Angebots und seiner Vorteile beziehungsweise mit der Entkräftung der auf der Stufe drei vorgebrachten Gegenargumente des Kunden.

Hierbei soll der Verkäufer wieder aktiv werden und den Kunden von den Vorteilen bzw. von der Zusammensetzung oder der Funktionsweise seines Angebots überzeugen. Die Anordnung der Überzeugungsargumente soll dabei logisch akzeptabel für den Kunden sein; d.h. er muß ungefähr die Sprache und den Wortschatz benutzen, den der Kunde versteht und auf den der Kunde eingestellt ist.

Es empfiehlt sich dabei, das Angebot auf der vierten Stufe nicht bloß zu erwähnen, sondern es bereits sichtbar vor den Kunden hinzustellen, es benutzen zu lassen, den Kunden mit dem betreffenden Gegenstand umgehen zu lassen (Probefahrt etc.). Die Stufe vier soll so lange anhalten, bis sämtliche Funktionsformen und auch Zusammensetzungsbesonderheiten des Angebots vom Kunden akzeptiert worden sind. Anschließend geht man auf die Stufe fünf über.

Auf der vierten Stufe verhält sich der Verkäufer und die Führungskraft also *dominativ*, indem er zielstrebig seine eigene Argumentation als Entkräftung der auf der Stufe drei vorgebrachten Einwände und Zweifel durchsetzt. Manchmal genügt es, D_t zu praktizieren (z.B. mit ». . . ja, aber . . .«) manchmal muß man aber auch weiter ausholen und auf Grund der besseren Sacheinsicht klar und deutlich, also etwa auch per D_n, eine logische Klärung vornehmen. Der Verkäufer bzw. die Führungskraft kann auf dieser Stufe auch um so leichter dominativ verfahren, je mehr Integrationen bisher auf den vorausgegangenen Stufen gesetzt worden sind.

In der fünften Stufe erfolgt der Abschluß des Verkaufsgesprächs mit dem Hinweis auf besondere Konditionen, Preisvorteile, Valuta etc.

Wichtig ist es, den geeigneten Übergang von Stufe vier nach Stufe fünf zu finden. An diesem Übergang befinden sich die sehr wichtigen Kaufsignale. Solche Kaufsignale sind z.B. die vorsichtige Frage nach dem Preis oder nach der Lieferfrist des Angebots durch den Kunden. Sobald der Kunde danach fragt oder jedenfalls Interesse an diesen Details eines Kaufabschlusses bekundet, ist die Zeit gekommen, den Preis oder die Lieferfrist exakt zu nennen bzw. die Unterschrift unter den Kaufvertrag zu erbitten.

Der Preis soll dabei in gar keiner Weise übervorsichtig genannt werden, sondern in seiner vollen Höhe soll er dem Kunden bewußtmachen, daß der jeweilige Preis eine positive Relation zu den auf Stufe vier geschilderten Vorteilen bzw. Funktionen darstellt. Man bedenke dabei, daß ein billiger Preis eine schlechte Kaufmotivation darstellt, wenn die dafür erhaltene oder erwartete Leistung gering ist. Was der Kunde will, ist eine Befriedigung seines Bedürfnisses, und er ist gern bereit, dafür einen entsprechenden Preis zu bezahlen. Nicht die Höhe des Preises ist entscheidend, sondern die für den Preis erhaltenen Vorteile und Bedürfnisbefriedigungsmöglichkeiten sind wichtig.

Falls der Kunde nun keinen Ansatz in Richtung auf Kaufsignaläußerungen macht, kann man nach Abschluß der Stufe vier diese Kaufsignale provozieren und etwa sagen: »An dieser Stelle erhebt sich natürlich die Frage nach dem Preis . . .« oder ähnliches. In jedem Falle ist das Verkaufsgespräch erst dann abgeschlossen, wenn die Stufe fünf organisch an die Stufe vier angeschlossen ist und zu einem Abschluß geführt hat. Hierbei sollte der Abschluß jedoch nicht absolut sein, sondern gleichsam der Beginn einer längeren oder sogar dauerhaften Verbindung zwischen Verkäufer und Kunde einleiten. Es kommt beim erfolgreichen Verkauf nicht auf eine einmalige Begegnung an, sondern wenn irgend möglich auf eine dauernde vertrauensvolle Zusammenarbeit zwischen Verkäufer und Kunde. Jede Form der Überrumpelung oder Überredung auf der Stufe fünf sollte daher vermieden werden, was am besten dadurch geschieht, daß Stufe fünf als organischer Übergang aus der Stufe vier resultiert.

Auf der Stufe ist der Verkäufer also insgesamt wieder *integrativ.* Ebenso reagiert die Führungskraft auf der fünften Stufe des Überzeugungsgesprächs vorwiegend oder ausschließlich integrativ, d.h. man geht auf die Sonderwünsche und Neigungen des Gesprächspartners auf dieser Stufe weitmöglichst ein, handelt es sich doch allenthalben um Details, während die grundsätzliche Zustimmung zum Projekt bzw. Angebot insgesamt ja schon erreicht worden ist. – Gelegentlich kann es sich bei der fünften Stufe auch um eine Phase der Zusammenfassung der Hauptgedanken handeln, die man auf den vorausgegangenen Stufen erarbeitet hat. Dies wäre etwa bei der Rede der Fall. Auch die Zusammenfassung soll indessen eine weitgehend integrative Struktur aufweisen, weil die Formulierung dieser zusammenfassenden Thesen wieder auf die Grundmotivationen des Gesprächspartners (bzw. der Zuhörer) abgestimmt sein müssen. Erinnern wir uns: Integrationen entstehen ja immer dann, wenn der Zuhörer seine Grundmotivation bestätigt findet!

Betrachten wir nun diese fünf Stufen im Zusammenhang, so erkennen wir, daß es sich letzten Endes um drei verschiedene Phasen des Verkaufs bzw. des Überzeugungsgesprächs handelt:

Die Schritte eins und zwei kann man als Eröffnungsphase bezeichnen, die Schritte drei bis vier als Angebotsphase und den Schritt fünf als Abschlußphase des Verkaufs- bzw. Überzeugungsgesprächs.

Betrachten wir nun noch die Voraussetzungen für ein erfolgreiches Verkaufs- bzw. Überzeugungsgespräch, so fallen drei Gesichtspunkte ins Auge:

1. die sachliche Korrektheit der Argumentation.

Hiermit ist gemeint, daß das Verkaufsgespräch nur dann langfristig sinnvoll sein kann, wenn die vorgebrachten Argumente sachlich und warenkundlich hieb- und stichfest sind. Dies gilt sowohl für die Objektivität der Aussage als auch für die subjektive Einstellung des Verkäufers zu seinem Angebot. Wenn nämlich der Verkäufer nicht voll von der Korrektheit seiner Argumente überzeugt ist, wird es ihm trotz aller psychologischen Techniken wahrscheinlich nicht gelingen, einen Gesprächspartner von der Richtigkeit der Argumente voll zu überzeugen.

Es wäre auch verkehrt, würde man den Kunden nur um des augenblicklichen Vorteils willen mit unsachlichen Argumenten konfrontieren. Zwar würde der Kunde wahrscheinlich bei geschickter Argumentation im Augenblick auf den Kauf eingehen, doch würde er mit großer Wahrscheinlichkeit nach einer Besinnungspause den Kauf bereuen, die Ware zurückgeben oder auf jeden Fall eine negative Einstellung zum Verkäufer und seiner Firma entwickeln, die eine weitere gedeihliche Geschäftsverbindung ausschließt.

Um die Sachlichkeit der Argumentation zu gewährleisten, muß der Verkäufer gute warenkundliche Kenntnisse besitzen bzw. die Details über seine Angebote exakt beherrschen. Bloße Übernahme von Werbematerial genügt in der Regel nicht; vielmehr muß eine präzise Kenntnis der Fertigung bzw. Zusammensetzung und Funktionsweise des Angebots sowie seiner Verwendung vorhanden sein. Hierzu gehört auch ein Wissen um die möglicherweise vorhandenen Schwächen des Angebots und selbstverständlich eine sichere Beherrschung der Gegenargumente, mit denen man solche Fragen nach vorhandenen Schwächen beantworten kann.

Es empfiehlt sich, von Zeit zu Zeit die sachliche Korrektheit der eigenen Argumentation zu überprüfen, festgestellte Mängel und Schwächen des Angebots mit Kollegen und Kunden zusammenzustellen und systematische Übungen in der Entkräftung dieser Einwände vorzunehmen. Da sich ohnedies jedes Angebot weiterentwickeln wird, empfiehlt es sich, spätestens alle vier Wochen eine solche Überprüfung der Sachlichkeit der Argumentation vorzunehmen. Am besten ist es, wenn dies in der Gruppe der Verkäufer durchgeführt wird, weil eine Korrektur der eigenen Auffassung dann am besten gelingt.

2. die Adressatenbezogenheit der Argumente.

Eine zweite Voraussetzung für ein erfolgreiches Verkaufsgespräch ist die Adressatenbezogenheit der Argumente; d.h. die Verkaufsargumente müssen nicht nur sachlich korrekt sein, sondern auch auf eine bestimmte Zielgruppe ausgerichtet sein.

Ohne die sachliche Korrektheit zu verfälschen, sollten die Argumente doch so auf die Bedürfnisse und Erwartungen des jeweiligen Kunden zugeschnitten sein, daß ein enger Bezug entsteht und das Angebot sozusagen »maßgeschneidert« für die jeweilige Bedürfnislage des Kunden erscheint. Selbstverständlich lassen sich einzelne Kunden in relativ homogene Zielgruppen zusammenfassen, so daß entsprechend diesen Zielgruppen auch das Angebot wenigstens von der Argumentation her variiert werden kann.

Ein Zahnarzt beispielsweise muß ganz anders angesprochen werden als ein Diplom-Ingenieur und beide zusammen wieder anders als ein Fernfahrer etc. Im Prinzip läßt sich so gut wie jedes Angebot auf die spezifischen Erwartungen bestimmter Adressatengruppen ausrichten; doch müssen in der Regel zuerst Bedürfnisanalysen vorgenommen werden, um dann die entsprechenden Aspekte des Angebots darauf abzustimmen.

Ein Angebot ohne Berücksichtigung der Erwartungen und Bedürfnisse der Adressatengruppe verkaufen zu wollen, wäre im höchsten Grade unzweckmäßig; denn so wie auch in der Werbung stets bestimmte Zielgruppen angesprochen werden müssen, soll auch beim individuellen oder gruppenbezogenen Verkaufsgespräch das Besondere der jeweiligen Adressatengruppe zumindest als Ausgangspunkt (auf Stufe eins des Verkaufsgesprächs) berücksichtigt werden.

Es gibt indessen auch die Möglichkeit, unabhängig von Zielgruppendefinitionen zu werben oder zu verkaufen, und zwar dann, wenn das Angebot so unterbreitet werden kann, daß es so gut wie auf jede Erwartungshaltung paßt. Dies gilt auch für die Überzeugungssituation im Bereich der Führung bzw. der Rede, bei der man sich natürlich nicht auf einen bestimmten Zuhörer einstellen kann, sondern auf alle fünf Grundmotivationen so eingehen muß, daß sich alle Zuhörer angesprochen fühlen können.

3. die persönliche Identifikation des Verkäufers.
Die dritte Voraussetzung für das Verkaufsgespräch ist die persönliche Identifikation des Verkäufers mit seinem Angebot. Damit ist gemeint, daß der Verkäufer über alle Warenkenntnisse hinaus (sachliche Korrektheit der Argumente) und jenseits der Berücksichtigung der Bedürfnisse der Zielgruppe (Adressatenbezogenheit der Argumente) eine äußerst positive Einstellung zu seinem Angebot selbst besitzen muß, die so weit geht, daß er regelrecht begeistert von den spezifischen Vorteilen seines Angebots ist.

Dies schließt selbstverständlich nicht aus, daß, wie schon erwähnt, auch die eventuellen Nachteile oder Unvollkommenheiten des Angebots bekannt sein müssen; nur darf es auf gar keinen Fall zu inneren Zweifeln oder Vorbehalten des Verkäufers gegenüber seinem Angebot kommen. Wenn dies der Fall sein sollte, entsteht fast stets eine Selbstachtungskrise, die zu schweren Leistungsminderungen und schließlich sogar zu Persönlichkeitsstörungen hinführen kann.

Als Regel sollte man sich vornehmen, alles, was man verkauft, hundertprozentig zu verkaufen, d.h. mit voller Überzeugung und Begeisterung ohne Vorbehalte. Umgekehrt sollte man im Grunde genommen nichts unternehmen, wenn man nicht hundertprozentig von der

Richtigkeit des Angebots überzeugt ist. Der Erfolg stellt sich normalerweise nur ein, wenn man selbst an diesen Erfolg glaubt und wenn man zielstrebig nach einem bestimmten Plan vorgeht.

4. Techniken der Überzeugung in Führung und Verkauf

Fragen wir nun nach Techniken, die den Überzeugungsprozeß in Führung und Verkauf begünstigen können, so können wir uns hierbei auf Erkenntnisse der Lernpsychologie beziehen. Hier hat man intensiv untersucht, mit welchen pädagogischen Techniken – und Pädagogik enthält schließlich viele Aktivitäten, die analog zum Überzeugungsprozeß aufgefaßt werden können – die Wirkung des Lehrers auf die Schüler intensiviert werden kann. Die Ergebnisse solcher Untersuchungen sind sehr vielfältig, doch können wir sie für unseren gegenwärtigen Zusammenhang durchaus in einige grundsätzlich auf die Überzeugung insgesamt anwendbare *Regeln* fassen:

1. Eine der wichtigsten Techniken im Verkaufsgespräch wie im Überzeugungsprozeß insgesamt ist die Anschaulichkeit der Argumentation.

Diese Erkenntnis geht zurück auf pädagogisch-psychologische Erfahrungen bei der Vermittlung von Erkenntnissen und Fertigkeiten. Hier hat es sich nämlich gezeigt, daß eine Information oder eine Fertigkeit um so leichter und dauerhafter vermittelt werden kann, je anschaulicher der Instrukteur verfahren kann. Umgekehrt ist die Informationsvermittlung oder auch die Fertigkeitsvermittlung in dem Maße erschwert, in welchem die Argumentation nur abstrakt und ohne Anschauung abläuft.

Selbstverständlich kann sich der Kunde einen Gegenstand oder eine Dienstleistung vorstellen, wenn man sie ihm verbal schildert, aber es ist zweifellos sehr viel konkreter und damit überzeugender, wenn man den Gegenstand nicht nur auf einem Bilde vorzeigt, sondern in concreto dem Kunden präsentiert und ihn nach Möglichkeit gleich damit umgehen läßt. Damit haben wir schon erwähnt, daß

Anschaulichkeit im Verkaufsgespräch zunächst ein Berühren- oder Anfassenlassen bzw. ein Umgehenlassen mit dem betreffenden Angebot selbst bedeutet. Auf dieser Stufe wäre Anschaulichkeit sinnliche Wahrnehmbarkeit des Gegenstandes bzw. der angebotenen Dienstleistung, wobei bereits auf die Erwartungen und Bedürfnisse des Kunden eingegangen werden soll, d.h. also, daß auf die spezifischen Grundmotivationen des Kunden oder Gesprächspartners bei der Auswahl der sinnlichen Wahrnehmungsform des Angebots bzw. der Führungsziele Rücksicht genommen werden soll.

Wenn zum Beispiel jemand nach Sicherheit strebt und also das Bedürfnis nach Geborgenheit an der ersten Stelle seiner Bedürfnispyramide hat, so kann man ihm eine Versicherungsleistung dadurch anschaulich machen, daß man ihm zuerst möglichst konkrete Situationen der Unsicherheit vor Augen führt (Unfälle etc.), mit denen er sich identifizieren kann, um anschließend den Wunsch nach einer besseren Absicherung für solche Fälle in sich zu entdecken.

Noch eindeutiger ist die Technik der Anschauung selbstverständlich bei allen Gegenständen, die man ohnedies vom Anschauungswert her kaufen und verkaufen muß. Dies gilt z.B. auch für Fahrzeuge wie Autos, Motorräder etc. oder für Schmuck und sämtliche Gegenstände mit einem ästhetischen Anspruch der Formgebung oder Farbgestaltung. Hier sollte lediglich betont werden, daß auch Dienstleistungen, bei denen man zunächst nicht an den Wert der Formgebung oder der ästhetischen Gestaltung denkt, eine Seite der Veranschaulichkeit haben, die wichtig ist, wenn das Verkaufsgespräch tatsächlich erfolgreich ablaufen soll.

Es soll jedoch darauf hingewiesen werden, daß neben dieser ersten Stufe der Anschaulichkeit im Sinne der sinnlichen Wahrnehmung noch eine zweite Anschauung existiert und im Verkaufsgespräch auch erreicht werden muß. Dies ist die Anschauung des Angebots, wie sie sich am Ende des Verkaufsgesprächs im Kunden einstellen soll, wenn er in der Lage ist, das Angebot in seiner spezifischen Struktur zu erfassen und in seinen Wissensschatz zu integrieren.

Die Anschauung ist hier mit anderen Worten auf eine allgemeinere Ebene transponiert worden und der Kunde hat hier den Vorteil, die Argumentation in jeder beliebigen neuen Situation selbständig anzuwenden. Zu diesem Zweck muß die sinnliche Wahrnehmung des einzelnen Angebots mit ähnlichen Angeboten verschiedener Ausführungen verglichen werden (Stufe der Komparation).

Anschließend zeigt man die gemeinsamen Elemente in diesen verschiedenen Angeboten auf und entdeckt dadurch gleichsam die Idee des Angebots selbst, d.h. den Begriff des Angebots bzw. das Allgemeingültige des betreffenden Artikels oder der betreffenden Dienstleistung (Vorgang der Abstraktion).

Drei Stufen sind es mithin, auf denen wir im guten Verkaufsgespräch von der Technik der Anschauung her fortschreiten müssen:

a. die Stufe der Perzeption oder der Wahrnehmung des einzelnen Gegenstandes bzw. Angebots überhaupt; hierbei soll die Singularität des Angebots herausgestellt werden und der Kunde soll das Angebot als ein einmaliges Phänomen sinnlich wahrnehmbar vor Augen haben;

b. auf der zweiten Stufe soll der Kunde mehrere Angebote verschiedener Art aber gleichen Inhalts voneinander unterscheiden lernen und dadurch die Stufe der Komparation durchlaufen; nachdem der Kunde beispielsweise einen Ledersessel auf der ersten Stufe betrachtet hat, zeigt man ihm auf der zweiten Stufe mehrere Sessel unterschiedlicher Größe, Qualität und Ausführung, die aber ungefähr denselben Anspruch haben; schließlich erreicht der Kunde auf diesem Wege die

c. Stufe der Abstraktion, indem er das Gleiche oder allgemein Verbindende zwischen diesen verschiedenen Angeboten gleichen Inhalts erarbeitet. Erst wenn der Kunde auf dieser Stufe angelangt ist, begreift er meistens intuitiv den eigentlichen Wert des singulären Angebots von der ersten Stufe und entschließt sich zum Kauf.

Man kann leicht zeigen, daß unsere vorhin erwähnten fünf Stufen des Verkaufsgesprächs ebenfalls diese Dreistufigkeit der Veranschaulichung widergeben, weil auf der ersten Stufe der Motivation sozusagen der Inhalt des einzelnen Angebots konkret wahrnehmbar gemacht werden muß, während auf der Stufe der logischen Verarbeitung (Stufe vier) die Komparation mit ähnlichen Angeboten durchgeführt werden kann, was auch auf der dritten Stufe der Spontanverarbeitung vorbereitet werden kann, um endlich in der fünften Stufe des Abschlusses des Verkaufsgesprächs zu einer allgemein anwendbaren Einsicht in die Zusammenhänge und Zweckmäßigkeiten des Angebots hinüberzuführen.

Man darf versichert sein, daß eine Dauerbeziehung zwischen dem Verkäufer und dem Kunden in dem Maße gewährleistet sein wird, in welchem der Kunde nicht bei der Singularität des Angebots (Stufe eins) stehen bleibt, sondern tatsächlich mit unserer Hilfe zur Stufe der Abstraktion vordringt. Er wird dann in den verschiedenen Situationen in der Lage sein, den Vorteil unseres Angebots zu erkennen und übrigens auch weiterzugeben. Oftmals sind auf diesem Wege aus Kunden sehr gute Weiterverkäufer unseres Angebots geworden.

2. Die zweite Technik des Überzeugungsgesprächs ist die Aktivierung des Gesprächspartners, also des Kunden oder des Gesprächspartners in der gewünschten Richtung.

Dies bedeutet, daß ein Verkaufsprozeß um so erfolgreicher sein wird, je aktiver der Kunde an dem Gespräch oder auch an dem Verkaufsvorgang beteiligt wird. Umgekehrt ist ein Verkaufsgespräch wahrscheinlich nicht besonders erfolgreich, wenn lediglich der Verkäufer spricht und der Kunde zuhört und im ganzen genommen passiv bleibt.

Vielmehr soll der Kunde nicht nur zuhören, sondern nach Möglichkeit von dem Angebot regelrecht Besitz ergreifen, es also z.B. in die Hand nehmen, daran riechen, schmecken, es ausprobieren bzw. einen Vorteil selbst errechnen, statt ihn bloß aus den Worten des Verkäufers zu übernehmen. Die verschiedensten Aktivierungsformen eines Kunden sind legitim und anwendbar. Je mehr Sinne und Tätigkeiten des Kunden aber angesprochen werden, desto besser ist es für den Ausgang des Verkaufsgesprächs selbst.

Spätestens auf der Stufe der Spontanverarbeitung (Stufe drei des Verkaufsgesprächs) muß der Kunde aktiv werden; sei es nun sprachlich, indem er Einwendungen formuliert, oder sei es auch durch bestimmte Tätigkeiten, indem er das Angebot gleichsam ausprobiert (Probefahrt). Dadurch, daß der Kunde mit dem Angebot umgeht, ergreift er symbolisch bereits Besitz von ihm und kann sich um so schwerer wieder von ihm trennen. Der Verkäufer muß infolgedessen in sämtlichen Stufen des Verkaufsgesprächs darauf bedacht sein, möglichst viele Aktivierungsgelegenheiten für den Kunden zu nutzen.

Alles, was der Kunde selbst errechnen oder erkunden kann, soll er nicht aus dem Munde des Verkäufers hören, sondern selbst durchführen und vom Verkäufer lediglich die Bestätigung dazu erhalten bzw. vom Verkäufer auch dazu die Anregung bekommen.

Selbst bei der Gesprächstechnik des Verkäufers spielt die Aktivierung eine große Rolle. Es ist bekannt, daß Verkäufer, denen gleichsam ein Schlüsselwort im Verlauf der Argumentation nicht einfällt, oftmals den Kunden dazu zwingen, dieses Schlüsselwort selbst zu äußern und dadurch einen neuen Aktivierungsimpuls auszulösen, was sich nicht zuletzt im Erfolg des Verkaufsgesprächs selbst auswirken wird.

Eine allzu auswendig gelernte Argumentationstechnik wirkt eher abstoßend als vertraueneinflößend. Der Verkäufer sollte also flüssig sprechen, aber doch nicht ohne Pausen, in denen sich der Kunde einschalten kann und aktiv werden soll. Unterbrechungen im Redefluß des Verkäufers geben sozusagen dem Kunden eine Chance, sich zu Wort zu melden. Der Verkäufer umgekehrt sollte dies benutzen und möglichst viele solcher Unterbrechungen an den richtigen Stellen einbauen, um dem Kunden Gelegenheit zu geben, selbst aktiv zu werden und das zu ergänzen, was der Verkäufer von sich aus vorzubringen gedachte.

In ähnlicher Weise soll aber auch im nichtverbalen Bereich aktiviert werden; d.h. der Kunde soll möglichst viel mit seinen Händen und seinen sämtlichen Sinnesorganen unternehmen, um mit unserem jeweiligen Angebot in einen intimen Kontakt zu kommen.

3. Eine Reihe von rhetorischen Maßnahmen und Fertigkeiten, wie die Beherrschung der Gestik und Mimik des Verkäufers, sind eine weitere wichtige Technik im Verkaufsgespräch. Folgende Punkte sind im einzelnen besonders zu berücksichtigen:

a. Die Höhe der Stimme drückt einen verschiedenen Grad des Engagements und der Vertraulichkeit aus. Im allgemeinen gilt eine relativ tiefe Stimme als vertrauenerweckend und eine relativ hohe schrille Stimme eher als Aufforderung, sich intellektuell mit dem Argument auseinanderzusetzen.

Hieraus ergibt sich, daß man auf der Stufe der logischen Verarbeitung im Verkaufsgespräch mit der Stimme etwas nach oben gehen soll, während man beim Übergang in die Stufe fünf (Abschluß) mit der Stimme in die Baßlage geht, um einen möglichst hohen Grad der Vertraulichkeit zu erreichen. In ähnlicher Weise knüpft man in der ersten Stufe in möglichst tiefer Stimmlage an die Interessen und Neigungen des Kunden an und etabliert auf diesem Weg sozusagen gleich auf der ersten Stufe ein Vertrauensverhältnis. Dies gilt hauptsächlich für den Fall, daß wir den Gesprächspartner als vertrauensmotiviert erkannt haben. Wenn er aber z.B. mehr auf soziale Anerkennung motiviert ist, dann muß auch die Stimmlage zweckmäßigerweise mehr auf Selbstvertrauen ausgerichtet sein, d.h. die Stimme kann in diesem Fall durchweg fester, lauter und gleichbleibender eingesetzt werden als etwa bei der Grundmotivation der Sicherheit und Geborgenheit, wo wir tunlichst mit der Stimme Zurückhaltung ausdrücken sollten, um einen Schock beim Gesprächspartner zu vermeiden.

b. Auch die Stärke der Stimme spielt eine Rolle neben der Höhe der Stimme. Im allgemeinen gilt die Regel, daß besonders leise gesprochene Sätze oder Satzteile besonders intensiv aufgenommen werden. Daraus ergibt sich wiederum, daß wir zwar am Anfang des Verkaufsgesprächs mit normalem Stimmaufwand sprechen, aber immer an den Stellen den Stimmaufwand erheblich reduzieren und beinah leise sprechen (gerade noch hörbar), in denen wir besondere Vorteile oder einmalige Funktionsweisen unseres Angebots schildern. Mit anderen Worten: wir gehen mit der Stimme automatisch zurück, wenn wir die eigentlich wichtigen Punkte bringen. Es gibt sehr erfolgreiche Verkäufer, die am Höhepunkt ihrer Argumentation geradezu flüstern und dadurch den Kunden gleichsam zwingen, ganz besonders intensiv zuzuhören und das Geflüsterte zu speichern.

c. Die Gestik und Mimik des Verkäufers spielt im Rahmen der rhetorischen Maßnahmen ebenfalls eine sehr große Rolle. Die geballte Faust ist zum Beispiel stets eine Gestik der Aggression und sollte infolgedessen vermieden werden, wenn man einen vertrauenerweckenden Eindruck hinterlassen möchte. Die Benutzung einer Hand – im Unterschied zu beiden Händen – beim Sprechen wirkt weniger pathetisch, aber auch weniger zwingend als beide Hände. Infolgedessen sollte man mit beiden Händen nur gestikulieren, wenn der eigentliche Höhepunkt des Argumentierens erreicht ist und der Kunde unter allen Umständen gezwungen werden müßte, dieses eine Argument zu akzeptieren. Wenn man von vornherein immer beide Hände benutzt, stumpft meistens der Kunde ab und beachtet die eigentlich wichtigen Argumente nicht mehr als die weniger wichtigen. Ähnliches gilt für die Mimik, d.h. für den Gesichtsausdruck selbst. Hierbei ist insbesondere der Augenkontakt mit dem Kunden sehr wichtig, doch hüte man sich davor, den Kunden aggressiv zu fixieren.

d. Wichtig bei den rhetorischen Maßnahmen ist schließlich auch der ganze Sprechstil, der möglichst keine langen Sätze und ausschweifende Redewendungen enthalten soll, sondern in kurzen, knappen, leicht verständlichen Sätzen mit eingestreuten Pausen vorgehen muß. Schließlich ist ein Verkaufsgespräch ein Dialog, in dessen Verlauf der Kunde das Wichtigste aufnehmen soll ohne die Gelegenheit, dieses nachzulesen. Lange Sätze und ausschweifende Redeformen muß man lesen, um sie analysieren zu können. Kurze Sätze und knappe Ausdrucksformen aber kann man auch in der mündlichen Rede sofort speichern und akzeptieren.

4. Die Höflichkeit und Zuvorkommenheit des Verkäufers ist eine weitere wichtige Technik, die eigentlich selbstverständlich sein sollte. Es ist jedoch zu betonen, daß die Höflichkeit und Zuvorkommenheit des Verkäufers dem Kunden gegenüber nur dort am Platze ist, wo sozusagen der Kunde den Gang des Verkaufsgesprächs bestimmt. Dies gilt für Stufe eins des Verkaufsgesprächs und für die Stufe drei. Auf den Stufen zwei und vier dagegen, weiter auch auf der Stufe fünf muß der Verkäufer mit größerer Eindeutigkeit und Zielstrebigkeit seine sachliche Überlegenheit wahren. Anders ausgedrückt, soll der Verkäufer dem Kunden zum Beispiel in allen Dingen recht geben bis auf den Aspekt der eventuellen Einwendungen gegenüber dem Angebot selbst. Hier bleibt der Verkäufer König. Ansonsten aber ist es der Kunde.

5. In der richtigen Mischung von Höflichkeit, Nachgiebigkeit und Zielstrebigkeit des Verkäufers zeigt sich die Forderung nach emo-

tionaler Stabilität, d.h. Beherrschtheit im Gefühlsleben und Zielgerichtetheit des Verkäufers. Selbst bei einem engen Vertrauensverhältnis zum Kunden muß der Verkäufer stets sachlich und zielstrebig bleiben können (IDQ = 1,9).

5. Zusätzliche Übungen zur Überzeugungspsychologie

Das Geschilderte muß nun auf die jeweils anliegende Führungs- oder Verkaufspraxis bezogen und eingeübt werden. Am besten geschieht dies seminaristisch unter Anleitung eines kundigen Trainers. Man kann aber auch selbst und alleine einiges beitragen, um das Gelesene in die Praxis zu übertragen. Hierzu haben sich z.B. folgende Übungen besonders gut bewährt:

Man versuche zunächst, mittels eines Tonbandes – oder ggfs. auch schriftlich – verschiedene Formulierungen zu dem anliegenden Führungs- oder Verkaufsobjekt nach dem IDQ-System zustande zu bringen. Hierbei kann folgendes Raster gute Dienste leisten:

IDQ-Einstellung / Stufe des Überzeugungsgespräches	Dc	Dn	Dt	In	It
1. Motiv	/	/	/		
2. Zielsetzung				/	/
3. Gegenargument	/	/	/		
4. Entkräftung (logische Verarbeitung)			/	/	
5. Abschluß	/	/	/		

Insbesonders die in diesem Schema freigelassenen Felder müßten sorgfältig ausgefüllt werden, und zwar jeweils neu in bezug auf entsprechend neue Verkaufs- oder Führungsziele.

Eine weitere sehr nützliche Übung besteht darin, zu einem zu erdenkenden Gegenargument, wie es auf der Stufe 3 des Führungs- oder Verkaufsgesprächs erwartet werden darf, eine entsprechende Entkräftung (also Stufe 4) zu konstruieren, die aber wiederum bezogen sein müßte auf die verschiedenen Grundmotivationen und auf die verschiedenen IDQ-Verhaltensformen. Man verfahre z.B. nach folgendem Schema:

Entkräftungen

Entkräftung bei Motivation / Gegenargument	Motivation 1	Motivation 2	Motivation 3	Motivation 4	Motivation 5
1. Preis					
2. Qualität					
3. Termin					
4. Mitbewerberangebot					
5. Einwand gegen Versetzung					
6. Einwand gegen Kritik					
7. Einwand gegen Nichtbeförderung					
8. etc.					

Die auf den IDQ bezogene Übung zur Entkräftungsargumentation kann nach dem folgenden Schema erfolgen:

Entkräftungen

Gegenargument \ Entkräftung nach IDQ-Einstellung	Dc	Dn	Dt	In	It
1. Preis					
2. Qualität					
3. Termin					
4. Mitbewerber-Angebot					
5. Einwand gegen Versetzung					
6. Einwand gegen Kritik					
7. Einwand gegen Nichtbeförderung					
8. etc.					

III. Das Problem der Kreativität in Führung und Verkauf

1. Divergierendes und konvergierendes Denken

Bisher haben wir zu zeigen versucht, wie Führung und Verkauf durch eine systematische Anwendung der Erkenntnisse der Motivations- und Überzeugungspsychologie effizienter werden können. Nunmehr geht es darum, diese Systematik durch das Moment der Kreativität wieder zu relativieren, d.h. wir müssen das, was jeder Praktiker ohnehin erklären wird, betonen, daß nämlich sowohl in der Führung wie auch im Verkauf jede einzelne Situation wieder neu angegangen werden muß, so daß eigentlich keine gleichbleibende Systematik möglich ist. Dieses Argument wird ja wiederholt gegen die Einführung irgendwelcher Systeme in Führung und Verkauf vorgebracht.

In Wirklichkeit aber müssen wir systematisch verfahren, aber doch nicht so starr, als handle es sich um totes Material und nicht um lebendige, einmalige Humansituationen! Wir müssen, mit anderen Worten, kreativ sein. Damit ist gemeint, daß ein guter Verkäufer und eine gute Führungskraft nicht nur ein System anwenden sollen, sondern schöpferisch bald den einen, bald den anderen Aspekt des Systems zum Einsatz bringen sollen. Darin erst zeigt sich dann der wahre Meister in seinem Fach!

Dennoch ist es wichtig, als Ausgangspunkt zunächst die psychologisch fundierten Stufen und Phasen des Überzeugungsgesprächs zu praktizieren und sie so lange einzuüben, bis sie gleichsam in Fleisch und Blut übergegangen sind. Erst dann empfiehlt es sich, schöpferische Abwandlungen von diesem Schema nach Berücksichtigung der jeweiligen Lage vorzunehmen. Beispielsweise kann man manchmal auf eine lange Motivationsphase verzichten, falls man feststellt, daß der Kunde ohnedies von sich aus bereits hochmotiviert ist für unser Angebot.

Ein anderesmal kann die Definitionsstufe mit der Zielsetzung praktisch durch ein einfaches Erwähnen des Angebots ersetzt werden, weil der Kunde vielleicht durch unsere Voranmeldung bereits auf unser Angebot vorbereitet ist.

Schließlich kann auch die dritte oder vierte Stufe übersprungen werden bzw. zu einem außerordentlich kleinen Teil zusammenschrumpfen, falls entsprechende Voraussetzungen gegeben sind. Immerhin sind dies alles aber Abweichungen von der Regel, auf die man um so souveräner eingehen wird, je präziser man die Regel selbst beherrscht. Wichtiger ist hingegen beim Verkauf die schlagfertige Reaktion auf Fragen des Kunden, die man nicht erwartet hat. In solchen Situationen zeigt sich erst, ob man tatsächlich in der Lage ist, schöpferisch, d.h. kreativ, auf eine unvorbereitete Situation zu reagieren. Unter Verwendung des Sachwissens und der warenkundlichen Aspekte gilt es hierbei, vom sogenannten divergierenden Denken Gebrauch zu machen; denn das divergierende Denken ist der Denktypus, der am meisten Ähnlichkeit mit dem schöpferischen Verhalten und dem schöpferischen Denken gemeinsam hat – bis zu dem Grenzwert, wo man sagen könnte, daß divergierendes Denken sogar mit schöpferischem Denken identisch sei bzw. daß divergierendes Verhalten das wesentliche Element des schöpferischen Verhaltens ausmacht.

Wir müssen nunmehr dieses divergierende Denken etwas genauer untersuchen und anschließend in konkreten Übungen dieses divergierende Denken für die praktische Verkaufssituation nutzbar machen.

Unter konvergierendem Denken versteht man denjenigen Denktypus, der auf Übereinstimmung mit einer vorgegebenen Norm beim Problemlösungsverhalten abzielt.

Das heißt, wir denken beispielsweise immer dann konvergierend, wenn wir uns an ein vorgegebenes Schema oder auch nur an ein im Detail vorgeschriebenes Denkziel exakt halten müssen. Fast das gesamte Denken im Bereich der Schulen vollzieht sich deswegen im Gebiet des Konvergierens. Es zielt auf Anreicherung und auch auf Anwendung des Sachwissens ab.

Deshalb ist es nicht verwunderlich, daß eine hohe Beziehung besteht zwischen dem Wissen eines Menschen und seiner Fähigkeit zum konvergierenden Denken: je mehr jemand weiß, desto besser ist seine Fähigkeit im konvergierenden Denken und umgekehrt. Dies hängt wiederum aufs engste mit der Fähigkeit der Intelligenz zusammen, so wie sie der Intelligenztest festzustellen vermag (Intelligenz, gemessen am Intelligenzquotienten IQ = Intelligenzalter : Lebensalter × 100). Je höher der IQ, desto größer die Fähigkeit des Menschen zum konvergierenden Denken und umgekehrt.

Weil nun auch eine sehr hohe Beziehung besteht zwischen Schulzeugnissen und Intelligenz im Sinne des Intelligenzquotienten, könnte man mit Recht sagen, daß auch die Schulzeugnisse die Fähigkeit des konvergierenden Denkens mehr oder weniger wiedergeben, und infolgedessen würde die Gleichung gelten: je besser die Schulzeugnisse, desto größer die Fähigkeit eines Menschen zum konvergierenden Denken. Auch das Vermögen des Menschen, sich an veränderte Situationen nach einem vorgegebenen Schema anzupassen, ist verbunden mit dem konvergierenden Denken. Das Verhalten eines Menschen spiegelt in gewisser Weise seinen Denktypus wider, und je anpassungsfähiger sich jemand verhalten kann, desto mehr neigt er im Denken zu der konvergierenden Form des Problemlösens.

Umgekehrt müßte man feststellen, daß ein Mensch, der sich schlecht an Normen hält und sich nicht leicht an eine bestimmte Lebensform anpassen kann, auch keine besonders hohe Fähigkeit zum konvergierenden Denken besitzt. Er würde vielmehr in die Richtung des divergierenden Denkens neigen.

Dieses divergierende Denken ist weniger mit Lernen und Wissenserwerb verbunden, als mit der Fähigkeit zum Erfinden und Improvisieren von Problemlösungen bzw. Verhaltensformen. Nicht die Intelligenz steht im Hintergrund des divergierenden Denkens, sondern mehr das schöpferische Denken, das jemand in die Lage versetzt, ohne Vorbereitung und ohne Anwendung eines fertigen Schemas eine Lösung zu einem gegebenen neuartigen Problem zu konstruieren. Man könnte sogar feststellen, daß, je weniger fertig einsatzbereites Wissen jemand besitzt, seine Fähigkeit zum schöpferischen Denken um so größer sein kann; allerdings geht es ohne ein Fundament von Sachwissen auch beim schöpferischen Denken nicht.

Mit anderen Worten: wir können schöpferische Problemlösungen zwar mit um so geringerer Wahrscheinlichkeit erfinden, je mehr fertige Problemlösungen wir zur Verfügung haben, d.h. je mehr Sachwissen wir besitzen, aber auf der anderen Seite ist es höchst unwahrscheinlich, daß uns sinnvolle schöpferische Problemlösungen einfallen, wenn wir nicht ein Minimum an Sachwissen besitzen.

Dies bedeutet nun in Anwendung auf den Verkauf, daß der Verkäufer zum einen ein großes Maß an Sachwissen besitzen soll, auf der anderen Seite aber nicht nur Sachwissen und nicht nur Intelligenz benötigt, um seinem Beruf gerecht zu werden, sondern darüber hinaus noch ein hohes Maß an divergierendem und schöpferischem Denken besitzen muß, weil das Sachwissen allein nicht ausreicht, um die jeweils neuartigen Situationen, die durch die immer wieder neuen Kundenverhältnisse auf ihn zukommen, tatsächlich bewältigen zu können. Er muß, mit anderen Worten, in seiner Persönlichkeit gleichsam einen divergierenden Kern und eine konvergierende Schale besitzen; er muß schöpferisch und abweichend unangepaßt denken und empfinden können; aber er muß auch konvergierende, auf Anpassung und Sachwissen abzielende Verhaltens- und Denkformen besitzen.

Er muß sich auf der einen Seite an den Kunden in hohem Maße anpassen, d.h. sich konvergierend verhalten, auf der anderen Seite muß er schöpferisch improvisierend von der jeweiligen Situation ausgehend auf das neue Ziel der positiven Zuwendung zum Angebot hinführen. Der Weg zu dieser Hinführung soll je und je neu schöpferisch originell erfunden werden, wenngleich das schon an dieser Stelle behandelte Schema der Verkaufsstufen unabhängig davon stets gültig sein dürfte.

Wenn der Verkäufer also erst dann optimale Leistungen bringen kann, wenn er sowohl konvergierendes als auch divergierendes Denken besitzt, muß er besondere Übungen vornehmen, um sein divergierendes Denkvermögen zu schulen. Tatsächlich steht fest, daß jeder Mensch die Fähigkeit zum divergierenden und zum konvergierenden Denken besitzt, daß aber, bedingt durch unsere Erziehung und durch unsere Schulverhältnisse, in der Regel der Mensch mehr zum konvergierenden als zum divergierenden Denken befähigt ist. Unser gesamtes Leben ist auf Anwendung von Wissensformen und Anpassungsmechanismen abgezielt. Nur selten können wir schöpferisch divergierend neuartige Problemlösungen entwerfen und praktizieren, aber der Verkäufer muß es, wenn er wirklich erfolgreich sein will.

Auch die Führungskraft kann natürlich niemals auf den Einsatz konvergierender Denkelemente verzichten. Auch im Bereich der Führung müssen bewährte Wissenselemente, etwa das Wissen um die Führungsstrategien als Funktionen der Mitarbeitermotivationen, präzise vermittelt und auch angewandt werden. Es wäre verhängnisvoll für eine Führungskraft, auf solches Wissen zu verzichten und stattdessen alles jeweils neu und schöpferisch zu »erfinden«. Andererseits wäre eben – ähnlich wie beim Verkauf – eine Führungskraft schlecht beraten, wenn sie nur schematisch das zur Anwendung brächte, was im voraus eingeübt worden wäre. Vielmehr braucht die Führungskraft sowohl das konvergierende als auch das divergierende Denken in möglichst hohem Maße. Während nun im allgemeinen das konvergierende Denken durch Schule und Hochschule gut entwickelt sein kann, mangelt es häufiger an der Entwicklung des an sich im Menschen vorhandenen divergierenden Denkens. Dies gilt um so mehr für die relativ häufigen Fälle, in denen man erst dann Führungskraft geworden ist, wenn man mehr oder weniger lange bewiesen hat, daß man sich »anpassen« kann, daß man also das konvergierende Denken gut beherrscht und hinsichtlich des divergierenden Denkens nicht zu sehr »aufgefallen« ist. Damit soll keineswegs angedeutet werden, daß es häufig so sein müßte, aber immerhin kommt es häufig vor, daß Beförderungen sozusagen vom »Wohlverhalten« abhängig gemacht werden. Mit einem Mal aber soll der schließlich Beförderte dann nicht mehr wie seither konvergierend, sondern in höherem Maße divergierend denken und sich verhalten und befindet sich deshalb bald in einer gewissen Verlegenheit, weil er darauf in keiner Weise vorbereitet war. In diesen Fällen ist es also ganz besonders wichtig, das divergierende Denken seinerseits und nachträglich zu üben und zu steigern. An sich wäre es natürlich am besten, man würde bereits in der Schule und in der Hochschule zunehmend Wert auf das divergierende Denken legen, ohne freilich das konvergierende Denken zu vernachlässigen. Erst dadurch würde schließlich eine wesentliche Steigerung in der Transferfähigkeit des Menschen Erkenntnis in einer neuen, lediglich ähnlichen Situation schöpferisch anzuwenden. Letztenendes wäre dies der wohl wichtigste Faktor in der Effizienzsteigerung des Lernens und Lehrens.

Während früher die Fähigkeit zum divergierenden Denken als eine Art Sonderfähigkeit besonders genialer Menschen galt, denen man selbstverständlich andere Mächte und Freiheiten im gesellschaftlichen Bezug einzuräumen bereit war, wissen wir heute, daß divergierendes Denken eine allgemeine Fähigkeit des Menschen darstellt, die nur durch zu viel konvergierendes Denken bei den meisten Menschen überlagert ist und infolgedessen erst wieder freigelegt werden muß. Insbesondere Führungskräfte wie im Verkauf tätige Menschen brauchen divergierende Denkfähigkeiten und müssen infolgedessen diese früher vorhandene, aber nachträglich verschüttete Fähigkeit wieder freilegen.

Übungen zur nachträglichen Förderung des divergierenden Denkens können auf den verschiedensten Gebieten vorgenommen werden. Sie brauchen nicht unbedingt verkaufsorientiert zu sein, sondern können sich allgemein im sprachlichen, rechnerischen, musikalischen, künstlerischen usw. Gebiet vollziehen. Weil der Verkäufer in erster Linie verbal sprachlich tätig ist, versuchen wir im folgenden einige Übungen zum schöpferischen Denken auf dem sprachlichen Gebiet vorzuschlagen, die aber dem Verkäufer in dem Maße nützen werden, indem sich dadurch seine Fähigkeit zum divergierenden Denken schulen läßt und er in höherem Maße als vorher in der Lage sein wird, neuartige, noch nicht geübte Situationen schöpferisch divergierend durch Anwendung der gelernten Sachwissensstrukturen und unter Einbeziehung des divergierenden Denkvermögens schöpferisch zu lösen.

2. Übungen zur Steigerung des divergierenden Denkens

Wenn wir das schöpferische Denken als divergierendes Denken auffassen und als solches üben wollen, müssen wir zunächst fragen, aus welchen Einzeleigenschaften das divergierende Denken zusammengesetzt ist.

Die ersten Untersuchungen zur Analyse des divergierenden Denkens verdanken wir J.P. Guilford, der durch seine faktorenanalytischen Verfahren herausfand, daß das divergierende Denken eine zusammengesetzte und keine einheitliche Fähigkeit darstellt. Wenn man genügend viele kreative mit weniger kreativen Menschen in einzelnen Fähigkeitsbündeln vergleicht, kommt man auf insgesamt 3 Faktorenbündel, die zusammengenommen das divergierende im Unterschied zum konvergierenden Denken ausmachen.

Nachdem feststehen dürfte, daß es keine einheitliche Fähigkeit darstellt, sondern sozusagen die Zusammenwirkung aus mehreren Fähigkeiten, die sich schulen lassen, untersucht man eine signifikante Anzahl von ausgesprochen schöpferischen divergierenden Menschen und vergleicht die Fähigkeiten und Denkstrukturen, die mehr angepaßt und konvergierend lebende und denkende Menschen gemeinsam haben, so kommt man auf insgesamt drei Faktorenbündel, die sich wiederum unterteilen lassen, aus denen schließlich das divergierende Denken zu bestehen scheint.

In dem Maße, in dem wir diese Faktoren auf irgendeinem Gebiet üben, werden wir feststellen, daß sich unsere Fähigkeiten zum schöpferischen oder divergierenden Denken ganz allgemein steigern. Man darf nur nicht in den Fehler verfallen, es mit einer einmaligen Übung bewenden zu lassen, sondern muß diese Übung über einen längeren Zeitraum, zum Beispiel über drei Monate, mit einer gewissen Regelmäßigkeit wiederholen. Es empfiehlt sich auch, solche Übungen durchaus in Gruppen vorzunehmen, man kann sie aber auch im familiären Bereich mit Erfolg und Freude durchführen.

Der erste Faktor des divergierenden Denkens ist die geistige »Flüssigkeit« unserer Denkabläufe. Dazu gehören zunächst die sogenannte Ideenflüssigkeit, die Assoziationsflüssigkeit und die Ausdrucksflüssigkeit.

Unter Ideenflüssigkeit versteht man die Leichtigkeit und Wendigkeit, mit der uns bestimmte Ideen einfallen, wenn für sie bindende Richtlinien vorgeschrieben sind, etwa in der Form, daß wir möglichst zahlreiche Ideen, also Namen von Gegenständen, produzieren, die alle gemeinsame Eigenschaften haben. Eine solche Übung zur Schulung der Ideenflüssigkeit wäre etwa folgende:

Versuchen Sie möglichst viele Ideen zu produzieren, die alle folgende Eigenschaften haben, die es aber in der Form, in der Sie sie produzieren, noch nicht geben darf! Diese Gegenstände sollen (z.B.) weiß und eßbar sein (je mehr Eigenschaften man vorgibt, desto schwieriger wird natürlich die Aufgabe!). (Lösungen wären etwa: Eßbares weißes Verpackungsmaterial (aus der Substanz etwa, aus der man Oblaten herstellt) eßbares Waschpulver ... etc.).

Der zweite Faktor der geistigen Flüssigkeit ist die Assoziationsflüssigkeit. Darunter versteht man die Fähigkeit, geistige Verknüpfungen vorzunehmen, die unter einem ganz bestimmten Aspekt vorgenommen werden sollen. Dieser Aspekt ist jeweils vorgegeben. Diese Fähigkeit schult man zum Beispiel durch das Lösen der folgenden Aufgabe:

Zählen Sie möglichst viele geistige Verknüpfungen (Assoziationen) mit der Idee »Freizeit« und »Gesundheit« auf, die es aber in der Weise, wie Sie sie konzipieren, noch nicht geben darf, die es aber geben könnte! Lösungen wären etwa: eine gesunde und in der Freizeit einsetzbare Trimm-Dich-Anlage, die fahrbar wäre und so gut wie alle Übungen zum gleichmäßigen Training der verschiedensten Körperfunktionen erlaubt – die Konstruktion wäre im Detail vielleicht auszuführen. Oder: Auf dem Meere schwimmende Anlage divergierender Art mit der Fähigkeit, geistige und körperliche Funktionen zu trainieren – im einzelnen auszuführen etc.

Die dritte Fähigkeit innerhalb der geistigen Flüssigkeit ist schließlich die sogenannte Ausdrucksflüssigkeit. Darunter versteht man die Fähigkeit, zu gegebenen Anhaltspunkten möglichst schnell und originell grammatikalisch richtige Ausdrücke zu formulieren. Diese Fähigkeit ist infolgedessen für den Verkäufer besonders wichtig, weil er fast stets zu gegebenen Anhaltspunkten neuartige, verbale Ausdrucksformen finden muß.

Allerdings ist diese Fähigkeit auch zum Beispiel bei der Verkaufsvorbereitung sehr wichtig, einschließlich der Werbung. Man schult sie in der Weise, daß man Aufgaben wie die folgende bewältigt:

Erdenken Sie möglichst viele, aber inhaltlich verschiedene Sätze, deren Wörter alle mit jeweils denselben Anfangsbuchstaben beginnen! Beispielsweise E - I - D - F - R - P. Dies könnte etwa heißen: Erfolg ist die Funktion richtiger Psychologie. Aber man könnte auch andere Sätze daraus konstruieren wie z.B.: Ernst ist der Finder rarer Praktiken. Oder: Erich, Ina, Dieter finden Rudi prima . . . etc.

Das zweite Faktorenbündel des divergierenden Denkens bezieht sich auf die geistige Beweglichkeit, die sich entweder in der Fähigkeit zur Spontanbeweglichkeit oder zu der Fähigkeit der Anpassunsgsbeweglichkeit artikuliert. Unter Spontanbeweglichkeit versteht man die Fähigkeit zur spontanen Auffindung von neuartigen, d.h. ungebräuchlichen Antworten zu einer durchaus gebräuchlichen Fragestellung. Man übt diese Fähigkeit in der Weise, daß man sich zum Beispiel die folgende Aufgabe vorlegt:

Wie läßt sich ein Bleistift noch verwenden (außer zum Schreiben)? Eine Lösung wäre z.B.: man könnte mit einem Bleistift Löcher in weiches Material bohren, man könnte mit einem Bleistift Graphitpulver herstellen, das zur Schmierung von Türschlössern im Winter geeignet wäre, man könnte aber auch auf einem Bleistift schwere Gegenstände fortrollen, man könnte den Bleistift aushöhlen und darin Sprengmaterial unterbringen, so daß eine Bombe entstünde . . . etc.

Es kommt hierbei darauf an, möglichst ungebräuchliche, aber gerade noch sinnvolle Verwendungsmöglichkeiten zu entdecken.

Die Anpassungsbeweglichkeit bezeichnet die Fähigkeit zur möglichst raschen und kompletten Einführung des Menschen in eine ungebräuchliche Situation, so daß einem Konsequenzen aus dieser Situation einfallen. Man schult diese Fähigkeit etwa in der Form, daß man sich Aufgaben stellt wie die folgende:

Was wäre, wenn eine Pille erfunden würde, die das Essen unnötig macht? (Man würde Zeit sparen; die Zahnbildung des Menschen würde sich wahrscheinlich verändern; die Grundstückspreise würden fallen, weil man weniger Land für die Landwirtschaft benötigte; Transportprobleme würden extrem einfach zu lösen sein;

Besteckfabriken würden wahrscheinlich eingehen, während Apotheken reich würden etc.).

Das dritte Faktorenbündel des divergierenden Denkens bezieht sich auf die Originalität im Denken. Sie gliedert sich in synthetische und analytische Originalität.

Unter synthetischer Originalität versteht man die Fähigkeit zur Findung möglichst einmaliger, d.h. ausgefallener und seltener, aber noch sinnvoller Antworten, die eine gegebene Vielfalt zusammenfassen. Man kann diese Fähigkeit zum Beispiel dadurch üben, daß man zu einer gegebenen Kurzgeschichte möglichst originell ausgefallene Überschriften finden läßt. Beliebige Abhandlungen aus einer Tageszeitung können verwendet werden, um solche originellen Überschriften finden zu lassen. Man kann aber auch ein beliebiges Bild (etwa eine Fotografie) als Grundlage nehmen und diesem Bild eine möglichst originelle Überschrift geben, oder man kann schließlich die Abbildung eines beliebigen Artikels in einer beliebigen Verpackung vorgeben und für diesen Artikel einen Namen finden lassen, der synthetisch originell sein soll, d.h. die angedeuteten Eigenschaften des betreffenden Artikels in möglichst origineller Weise zum Ausdruck bringt. Beispiel:

Wie könnte Bier noch verpackt werden? (Statt der konventionellen Flaschen oder Dosen?) Wie könnte man Butter noch nennen? Wie könnte man sie verpacken? Wie könnte man einen Rasenmäher noch nennen, gestalten und aufbewahren? etc.

Die analytische Originalität zeichnet die gegensätzliche geistige Tätigkeit zur synthetischen Originalität, d.h. man versteht darunter die Fähigkeit, eine gegebene synthetische Ausdrucksform in ihre Details aufzusplittern, etwa indem man zu einer gegebenen Überschrift eine Geschichte erfinden läßt, die möglichst ausgefallen, eben originell, sein soll. Oder man erhält den Anfang einer Kurzgeschichte und soll diese in möglichst origineller Weise zu Ende führen. Man kann daher die analytische Originalität folgendermaßen üben:

Bitte setzen Sie die folgende Geschichte fort: »Das Verkäuferteam trat zu einer Beratung zusammen. Es sah zuerst so aus, als wäre es eine Routinesitzung, doch schon bald zeigte sich, daß . . .«.

Es wurde schon erwähnt, daß diese Übungen zum schöpferischen Denken auch in Gruppen ausgeführt werden können, wobei sich der zusätzliche Reiz des Wettbewerbs ergibt. Wichtig ist auf jeden Fall, daß diese Übungen unter Umständen in verschiedener Abwandlung, aber im gleichen Sinne, etwa über den Zeitraum eines viertel Jahres fortgesetzt werden und daß dabei eine gewisse Regelmäßigkeit beachtet wird. Man wird gern feststellen, daß nach Ablauf dieser Übungen die Fähigkeit zum schöpferischen und divergierenden Denken, Argumentieren und Verhalten außerordentlich gesteigert sein wird. Selbstverständlich darf man nicht allein beim divergierenden Denken stehenbleiben, sondern muß, wie erwähnt, daneben auch das konvergierende Denken und Sachwissen weiter schulen und anwenden.

Wenn man in diesem Sinne übt, kann man versichert sein, daß sich der Erfolg einstellen wird. Man wird geistig beweglicher werden und dadurch unkonventionelle Lösungen zu Problemen finden, die einem früher als fast unlösbar erschienen waren. Vielleicht entsteht aber dadurch auch ein höheres Maß an Selbstvertrauen und Mut, eigene Schritte zu tun.

IV. Schlußwort

Dieser letztere Gedanke ist vielleicht auch wichtig im Hinblick auf die beiden anderen Kapitel in diesem Buch, also hinsichtlich der Anwendung der Motivationspsychologie und der der Überzeugungspsychologie: wahrscheinlich haben erfolgreiche Führungskräfte und tüchtige Verkäufer immer schon, auch vor der Psychologie, diese Regeln beachtet bzw. unbewußt richtig gehandelt. Das Entscheidende aber, das man durch die Beschäftigung mit den psychologischen Grundlagen des Führens und Verkaufens erhält, ist demgegenüber ein höheres Maß an Sicherheit, an Bewußtheit oder an Selbstvertrauen, weil man jetzt besser versteht, warum eine Maßnahme gelingen mußte und warum eine andere Maßnahme von vornherein keine Aussicht auf Erfolg hatte! Uns erscheint gerade dieser Gewinn als besonders wichtig, denn so kann der Einzelne das, was er ohnehin schon immer richtig gemacht hat, auch erklären und verstehen, und er kann umgekehrt das, was ihm bisher weniger gut gelungen war, so verändern, daß es gelingen wird. Der Einzelne wäre dadurch noch erfolgreicher geworden und das Zusammenleben der Menschen könnte insgesamt liebenswürdiger werden.

V. Über den Autor

Professor Dr. Werner Correll wurde 1928 in Württemberg geboren. Er besuchte die Oberschulen in Maulbronn und Aalen. Von 1946 bis 1949 absolvierte er eine Lehrerausbildung am Pädagogischen Institut in Künzelsau; anschließend wirkte er an verschiedenen Orten als Privatlehrer und im staatlichen Schuldienst. Von 1951 bis 1952 folgte er einer Einladung des US-Office of Education in die USA. Neben dem Studium an verschiedenen Colleges machte er sich mit dem Schulsystem in den Vereinigten Staaten vertraut.

Von 1953 ab studierte er an der Universität Tübingen Pädagogik, Psychologie, Philosophie und Anglistik. 1957 legte er das Staatsexamen ab und promovierte zum Dr. phil. Von 1957 bis 1958 war er Wissenschaftlicher Assistent an der Hochschule für Internationale Pädagogische Forschung in Frankfurt/Main und von 1958 bis 1960 Dozent für Psychologie an der Pädagogischen Akademie. Sodann folgte er einem Ruf an die Pädagogische Hochschule Flensburg, wo er 1961 zum Professor ernannt wurde.

Von 1963 bis 1964 übernahm er einen Forschungsauftrag über die Fragen der pädagogischen Psychologie und der Verhaltenspsychologie in Verbindung mit dem Programmierten Lernen an der Harvard-Universität, USA. Hier arbeitete er eng mit den Professoren J.B. Carroll und B.F. Skinner zusammen und entwickelte u.a. einige Modelle zur Verhaltenskonditionierung und zur Führungspsychologie. 1964 erhielt er einen Ruf an die Universität Gießen, so daß er im Wintersemester 1964 nach Deutschland zurückkehrte. In Gießen hatte er zunächst eine außerordentliche und später eine ordentliche Professur für pädagogische Psychologie inne. Er leitete in Gießen auch das Institut für Programmiertes Lernen bis zu dessen Integrierung in den Fachbereich Psychologie, dem er seither angehört.

Professor Correll betätigt sich seit einer Reihe von Jahren auch besonders auf dem Gebiet der Überzeugungs- und Führungspsychologie und hat gerade auf diesem Gebiet eine Reihe interessanter und praktikabler Strategien und Techniken entwickelt, die sich zunehmender Beliebtheit in Betrieben und Behörden erfreuen. Einige dieser Strategien lassen sich besonders gut im Verkauf und in der Werbung einsetzen. Hier wurden auch viele praktische Anwendungen mit beachtlichem Erfolg durchgeführt. In diesem Zusammenhang entstand unter anderem neben der vorliegenden Arbeit auch das Buch »Verkaufspsychologie« (GTC Training & Management Verlagsg. mbH, Kettwig).

Professor Correll bekleidet eine Reihe von Ehrenämtern; so ist er z.B. Präsident der Forschungsgemeinschaft für technische Lehr- und Lernmittel, sowie Vorsitzender des wissenschaftlichen Ausschusses im Beirat der Bundesakademie für öffentliche Verwaltung im Bundesministerium des Inneren, Bonn u. a. Er gehört auch diversen Fachorganisationen und Verbänden an. Verschiedene größere Unternehmen und Behörden bedienen sich seines Rates und seiner gelegentlichen Mithilfe.

Neben dem vorliegenden Band veröffentlichte er bisher 34 Bücher über psychologische und pädagogische Zusammenhänge, unter anderen die »Lernpsychologie« (98. Tausend Donauwörth 1976), »Einführung in die pädagogische Psychologie« (8. Auflage, Donauwörth 1976), »Pädagogische Verhaltenspsychologie« (6. Auflage, München 1975), »Ehekonflikte – Konfliktehen« (2. Auflage, Goldmann TB München 1975) etc.

VI. Stichwortverzeichnis